甘凤池秘传绝技

袁玉斌 著

北京体育大学出版社

策划编辑：吴海燕
责任编辑：吴海燕
责任校对：张志富
版式设计：高文函

图书在版编目（CIP）数据

甘凤池秘传绝技 / 袁玉斌著 . -- 北京：北京体育大学出版社，2022.6
ISBN 978-7-5644-3541-7

Ⅰ . ①甘… Ⅱ . ①袁… Ⅲ . ①少林武术—基本知识 Ⅳ . ① G852

中国版本图书馆CIP数据核字（2021）第268030号

甘凤池秘传绝技
GANFENGCHI MICHUAN JUEJI
袁玉斌　著

出版发行：北京体育大学出版社
址　　址：北京市海淀区农大南路 1 号院 2 号楼 2 层办公 B-212
邮　　编：100084
网　　址：http: //cbs.bsu.edu.cn
发 行 部：010-62989320
邮 购 部：北京体育大学出版社读者服务部 010-62989432
印　　刷：北京昌联印刷有限公司
开　　本：710mm × 1000mm　　1/16
成品尺寸：170mm × 240mm
印　　张：11
字　　数：162 千字
版　　次：2022 年 6 月第 1 版
印　　次：2022 年 6 月第 1 次印刷
定　　价：36.00 元

作者简介

袁玉斌，男，出生于1981年2月，汉族，中共党员，河南省开封市人；2004年本科毕业于北京体育大学，2009年取得体育教育训练学硕士学位；现为河南大学体育学院副教授，河南大学体育学院体育与健康研究所成员；近年来在国内期刊发表论文10余篇，参与省级课题6项，出版著作2部。

甘凤池七十二式拳法，也称“甘凤池地煞拳”，宗归少林南派，据传来自少林高僧朝元大师，是一套非常优秀的少林拳法。

甘凤池二十四腿法，技法全面，高低前后，面面俱到，是一套秘传的踢腿单练技法。一旦练熟，所有腿法皆可融会贯通。

甘凤池擒扑三十六法，也称“天罡擒扑法”，独树一帜，自成一家，机敏善变，威猛难挡，轻则致敌跌趴躺地，重则致敌瘫倒难起。

暗器非常方便携带，而且可以伤敌不备，出其不意，很有妙用。甘派流传的暗器很多，主要有鹅卵石、飞蝗石、飞镖、流星锤等。

目 录

第一章 甘凤池秘传拳法

第二章 甘凤池秘传腿法

第三章 甘凤池秘传擒扑法

第四章 甘凤池古传暗器

第一章
甘凤池秘传拳法

甘凤池七十二式拳法，也称“甘凤池地煞拳”，宗归少林南派，据传来自少林高僧朝元大师，是一套非常优秀的少林拳法。

一

请手

【练法】

1. 正身站立，两脚跟相靠，脚尖外摆呈八字；两掌垂于体侧，呼吸自然；目视前方。（图1–1）

2. 两掌自体侧向外、向上弧形收于胸前握拳， 两拳面相对，拳眼向下，两肘抬起平肩；目视前方。（图1–2）

图1–1

图1–2

二

倒冲拳

【练法】

左脚猛然提起跺地，右脚向右横开一步，两腿屈膝半蹲成马步；同时，左拳收抱于腰间，拳心向上； 右拳向右冲出，高与肩平，拳眼向上；目视右拳。（图1–3）

三

偷步横捶

【练法】

左脚内收一步，上体右转，右脚迅疾向前冲出一步，成右弓步；同时，右拳收回腰间，左拳向前方冲出，高与肩平，拳眼向上；目视左拳。（图1–4）

图1–3

图1–4

四

双侧掌

【练法】

1. 右脚略提跺地，左脚随之从右脚前向右外后方绕盖，左膝屈蹲，右脚跟提起成右插步，上身左转右倾；同时，两拳变掌，两臂交叉于腹前，左下右上，两掌尖斜向上；目视左后方。（图1–5）

2. 右脚向右前跨一步，左腿蹬伸，成右弓步；同时，两掌前后分开，左掌斜伸于左后，虎口向上，略低于肩；右掌向右前劈出，掌棱向前，掌尖斜向上，约与额平；目视右掌。（图1–6）

五

抓摔式

【练法】

左脚前上一步，前脚掌点地，两腿屈膝，成左虚步；同时，右掌收于右腰间，掌心向前，掌尖向下，左掌变爪向前推抓而出，约与目平，坐腕竖爪，爪心向前，上体略前倾；目视左爪。（图1–7）

图1–5

图1–5附图

图1–6

图1–7

单撑腿

六

【练法】

1. 左脚尖前移，脚跟落地踏实，身体上起；左爪变掌，两掌向上挽花，两腕在头顶前上交叉，左内右外，随之两掌变拳猛力向下旋压，停于胸前，右腕压住左腕，两拳心向下；目视前下方。（图1–8）

2. 左腿伸膝立起，右腿屈膝提收至腹前之际，猛然向前蹬出，脚尖勾紧，高与胸平；同时，两拳下压腹前，身体略左倾；目视右脚。（图1–9）

图1–8

图1–9

流星拳

七

【练法】

右脚落步跺地，随即左转身，左脚迅疾跨出一步，成左弓步；同时，左拳向左后画弧甩出，约与肩平，拳眼向上，右拳向左前方冲出，约与肩平，拳眼向上，上体前倾；目视右拳。（图1–10）

图1-10

八

抱虎归山

【练法】

左脚尖外摆，右脚向前跨出一步，上体左转，成右横裆步；同时，右拳变掌向内、向下、向右、向上画一大圈架于头顶，掌尖向左，虎口向下；左拳向上、向右、向下弧形下砸，停于右肋侧，拳眼向上；目视左下方。（图1-11）

图1-11

九 顺步钉肘

【练法】

身体右转，左脚向前跨上一步，屈膝半蹲，右脚跟提起，膝稍下屈，成右高跪步；同时，右掌变拳经面前下转，至胸前之时，左拳变掌托接右前臂，并发出响声，右肘顺势向右前顶出，约与肩平，上体前倾；目视右肘。（图1–12）

十 退步后撑腿

【练法】

左脚后退一步；右拳变掌，两掌下按，至腹前之时，两掌迅疾变拳收抱于腰间，拳心向上；同时，右脚前滑，随即向前上撑蹬而出，脚尖勾紧，约与胸平，上体后倾；目视右脚。（图1–13）

图1–12

图1–13

十一 朝天一炷香

【练法】

右脚在左脚前收落，左脚迅疾上步，脚尖点地，两腿屈膝半蹲，成左虚步；同时，左拳向前虚冲一下，收回护腰，拳心向上，右拳变掌前插，至臂直之瞬间，屈肘挑起掌尖，约与眼平，掌心向左；目视右掌。（图1–14）

十二 冲掌

【练法】

左脚跟落地踏实，右脚前跨一步，左腿蹬伸，成右弓步；同时，右掌握拳收回护腰，拳心向上，左拳变掌，向前冲推，掌尖向上，掌心向前，腕与肩平；目视左掌。（图1–15）

图1–14

图1–15

怪鸟搜云

十三

【练法】

1.身体重心移于左腿，右脚内收一步，脚尖点地，两腿屈膝半蹲，成右虚步；同时，两掌内收，两腕交叉置于胸前，左内右外，两掌心向外，掌尖向上；目视前方。（图1–16）

2.上体后倒，肩背贴地时，两脚向上蹬踢，先蹬右脚，再蹬左脚。可连蹬数次。此式俗称“野鸡搜天”。（图1–17）

图1–16

图1–17

图1–17附图

十四

金鸡刷翅

【练法】

1. 向左翻身，两脚弹性收落，随即顺势起身，两腿屈膝下蹲；同时，两臂交叉，两掌下压于两膝前上，左下右上，掌心向下，两掌尖向外；目视前下方。（图1–18）

2. 左脚向左一步，脚尖外摆，两腿屈膝，成右虚步；同时，两掌分展左右，左掌向左上摆，约与额平，掌心向上，右掌砍向右后，掌尖向下，掌棱向后，约与胯平；目视右掌。（图1–19）

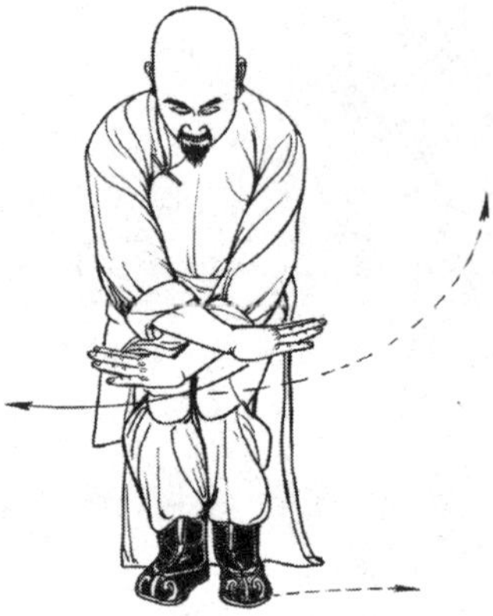

图1–18

图1–19

十五

进步侧冲拳

【练法】

上体左转，左脚向前一步，右腿蹬伸，成左弓步；同时，左掌变拳收抱于腰间，拳心向上，右掌变拳向左前方冲出，拳眼向上，约与肩平；目视右拳。（图1–20）

合盘手

十六

【练法】

左脚退向右脚后侧，右脚随之前踏，脚尖点地，成右虚步；同时，右拳变掌内收，屈肘立掌，虎口向里，约与口平，左拳变掌向前撩出，约与裆平，掌尖向下，虎口向前；目视前方。（图1–21）

图1–20

图1–21

脱袍让位

十七

【练法】

1. 步形不变；右掌尖左压，左掌尖右提，两掌如抱球状，抱于胸腹；目视前方。（图1–22）

2. 右脚跟落地，伸膝立身，左腿向前上方蹬踢而出，脚尖勾紧，脚底向上，约与鼻平；同时，两掌分开，右掌斜伸于体右侧，掌心向下，掌尖向后，略低于肩，左掌前伸于左腿上方，掌心向前，掌尖向上，约与眼平；目视左掌。（图1–23）

十八

马步横擂拳

【练法】

左脚向后收落一大步，右脚尖内扣，两腿屈膝半蹲，成马步；同时，左掌变拳收抱于腰间，拳心向上，右掌收至右腰际转腕一圈，随即变拳向右前方冲出，拳眼向上，约与肩平；目视右拳。（图1–24）

图1–22

图1–23

图1–24

十九

狮子大张口

【练法】

右脚尖内扣，上体左转，左脚后退一步，两腿屈膝半蹲，右脚跟提起，成右虚步；同时，左拳随转身举臂上架于头额前上方，拳心向前，拳眼向下，右拳经腹前向左停于左肋侧，拳心向下；目视右前方。（图1-25）

二十

霸王敬酒

【练法】

右脚向前跨出一步，左腿蹬伸，成右弓步；同时，左拳下压，右拳前翻，两腕至胸前交叉之际，左拳收抱至左腰间，拳心向上，右拳向前冲出，拳眼向上，约与肩平，上体略前倾；目视右拳。（图1-26）

图1-25

图1-26

二十一

摘星换斗

【练法】

左脚向右前方跨出一大步，右腿蹬伸，成左弓步；同时，右拳变掌向右后切出，掌棱向后，约与胯平，左拳变掌向前推切，掌棱向前，掌尖向上，约与眉平，上体略前倾；目视左掌。（图1–27）

二十二

单飞腿

【练法】

重心前移，左腿伸膝立身，右脚向前撩弹而出，脚面绷直，约与裆平；同时，右掌变拳向前撩冲而出，拳眼向上，约与肩平，左掌变拳右收，护于右上臂内侧，拳眼向上；目视前方。（图1–28）

图1–27

图1–28

拉弓式

二十三

【练法】

右脚落步，两腿屈膝半蹲，成马步，随即上体左转；左拳变掌向左推出，掌棱向左，掌尖向上，腕与肩平，右拳屈肘内收于右肩前，拳眼向上；目视左掌。（图1–29）

五雷击顶

二十四

【练法】

身体重心上起，两脚向前滑进一步，右腿蹬伸，成左弓步；同时，左掌变拳收抱于腰间，拳心向上，右拳向下、向后、向上画弧，至头顶时陡然变虎爪，向下推抓，约与额平，爪心向前；目视右爪。（图1–30）

图1–29

图1–30

二十五

撒掌

【练法】

1. 右脚上步，左脚内收，脚尖点地，屈膝半蹲，成左虚步；同时，两手变掌向外、向里画弧，收于胸前交叉，左外右内，两掌尖向上，两掌心向外；目视前方。（图1–31）

2. 左脚尖稍收，身体下缩；右掌下砍至右小腿外侧，掌尖向下，掌棱向后，左掌屈肘右收，横置右肩前，掌尖向右，掌心向下；目视前方。（图1–32）

图1–31

图1–32

二十六

金鸡独立

【练法】

左脚跟落地踏实，伸膝起身，右脚向前上蹬踢而出，脚尖勾紧，约与胸平；同时，两掌收至胸前交叉，迅疾变拳向前后冲出，两拳心向上，约与肩平；目视右拳。（图1–33）

二十七 披身伏虎

【练法】

右脚向后收落一大步，重心右移，右腿屈膝全蹲，左腿伸直，成左仆步；同时，右拳收抱于腰间，拳心向上，左拳变掌画弧，向左前下削掌，掌棱向前，掌心向下，上身向左倾俯；目视左掌。（图1–34）

图1–33

图1–34

二十八 抄捺式

【练法】

左脚内收半步，前脚掌着地，脚跟略提，成左虚步；同时，右拳变掌前摆，至额前旋腕成爪，压至胸前，爪心向下，虎口斜向前，左掌内转成爪，托于左前方，约与鼻平，虎口斜向前，爪心向上，两爪成螺旋劲旋拧；目视左爪。（图1–35）

二十九

马步分水手

【练法】

1. 右脚稍退，两腿屈膝半蹲成马步；同时，两爪变掌，合拢胸前，两臂交叉，左外右内，两掌心向外，掌尖斜向上；目视前下方。（图1–36）

2. 动作不停，两掌向下、向外、向上分展撑出，腕与肩平，两臂稍屈，掌尖向上，掌心向外；目视正前方。（图1–37）

图1–35

图1–36

图1–37

双斫手

三十

【练法】

1. 身体右转约90°，左脚迅疾向右前上步，两腿屈膝半蹲成左虚步；同时，两掌随左进步弧形向里、向前合拢，交叉于胸前，左外右内，两掌尖向上，掌心向内，上体略前倾；目视前方。（图1–38）

2. 两掌向左斜下方砍出，左掌尖向下，掌心向右，位于左膝外侧，右掌尖向下，掌心向左，位于左膝内侧；同时，上体右扭；目视右侧。（图1–39）

图1–38

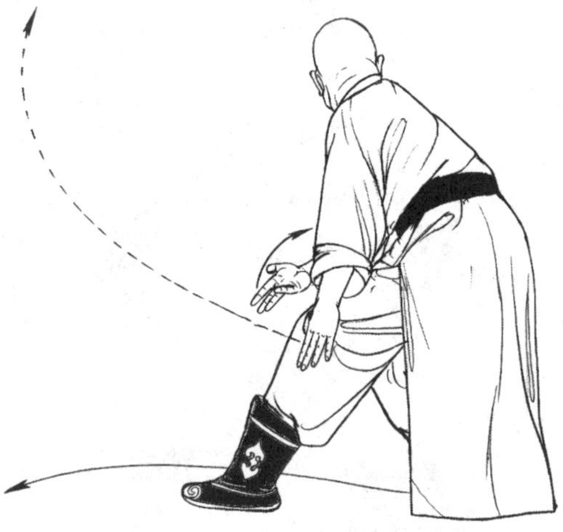

图1–39

上抄拳

三十一

【练法】

右脚向前上进一步，左腿蹬伸，成右弓步；同时，右掌变拳收抱于右腰际，拳心向上，左掌变拳向前上方勾抄，臂呈半弧形，拳面向上，拳心对鼻；目视左拳。（图1–40）

三十二

下冲拳

【练法】

右脚尖内扣，左脚尖外展，上体左转约90°，成马步；同时，左拳收于左肋前，拳心向上，右拳向裆部前下方冲击，略低于右膝，拳面向下，拳眼向左；上身略前倾；目视右拳。（图1–41）

图1–40

图1–41

三十三

白鹤亮翅

【练法】

1. 左脚收向右脚并步，前脚掌稍分，两腿屈膝半蹲；同时，两拳变掌向下画弧收于腹前，两前臂交叉，左上右下，两掌心向上，掌尖向外；目视左掌。（图1–42）

2. 左脚猛然蹬劲，右脚向右侧横跨一步，屈膝半蹲成右横裆步；同时，两掌向左右分开，右掌斜向右上方推出，掌尖向上，掌心向右，约与额平，左掌斜向左方捺下，掌心向后，掌尖向左，约与肋平，上体略右倾；目视前方。（图1–43）

图1-42

图1-43

三十四

双飞脚

【练法】

1. 上体右转，右脚后退一步，屈膝半蹲，成左虚步；同时，两掌向胸前合拢交叉，左内右外，两掌心向内，掌尖向上，上身略前倾；目视前方。（图1-44）

2. 左脚飞踢而出，脚尖向上，高与鼻平，右脚跟提起，前脚掌撑地；同时，两掌向前直臂伸出，掌心向下，掌尖向前，高过头顶；目视两掌。（图1-45）

3. 动作不停。左脚前压之际，左腿屈膝下收，右脚顺势蹬地飞踢而出，身体腾空；同时，两掌分开，左掌变勾手左展，高过头顶，勾尖向下，右掌前伸，迎拍右脚背；目视右掌。（图1-46）

图1–44

图1–45

图1–46

三十五 童子拜观音

【练法】

1. 左脚先落地，右脚随之落地。然后左脚向左横开一步，屈膝下蹲，右腿伸直，成右仆步；同时，两掌下落按地于裆前，上身略左倾；目视正前方。（图1–47）

2. 右脚擦地向前做一扫堂腿，扫至原位之际，重心右移，右腿屈膝，左腿伸膝向左滑出，成左仆步；同时，两掌上收，于胸前合掌，掌尖向上，两肘抬平，肘尖向外；目视正前方。（图1–48）

3. 两掌不停，向上冲插至头顶上方；目视正前方。（图1–49）

图1–47

图1–48

图1–49

三十六

毒龙入海

【练法】

上体左转约90°，左腿屈蹲，右脚向左前方上步，脚尖点地，成右虚步；同时，左掌变拳，向右、向下画弧，收抱于左腰间，拳心向上，右掌向下、向左画弧穿出，掌心向上，掌尖斜向前，约与额平；目视右掌。（图1–50）

三十七

双提手

【练法】

右脚跟落地，脚尖内扣，随之左转身，左脚尖外展，重心移于右腿，成左虚步；同时，右掌经头顶弧形收至腹前，与左掌相并之际，两掌迅速转腕捏指成勾手，向前上方提顶而出，勾尖向下，约与肩平；目视两腕。（图1–51）

图1–50

图1–51

头肘

三十八

【练法】

1. 左脚震脚跟，右脚猛地向前上方跨出一步，左腿蹬伸，成右弓步；同时，两勾手向怀内一收，即变拳向前冲出，拳眼向上，拳心相对，约与肩平；目视两拳。（图1–52）

2. 两拳向左下甩，左拳甩至左胯后侧，拳面向下，右拳甩至右膝内下方，拳心向上；同时，上身前倾，头部向前撞出；目视前下方。（图1–53）

图1–52

图1–53

马步横擂

三十九

【练法】

1. 身体重心左移，右脚尖内扣，两腿屈膝半蹲，成马步；同时，两拳向左右分击，抖劲收抱于腰间，拳心向上；目视正前方。（图1–54）

2. 动作不停。右拳抱腰不变，左拳提至右肩前，向左前反背甩出，拳眼向上，约与眼平；目视左拳。（图1–55）

四十

钉肘

【练法】

右脚向左脚前盖步，左脚跟提起，前脚掌蹬劲；同时，左肘抖劲前顶，约与肩平，右拳变掌，按推左拳面助劲，上身前倾；目视左前方。（图1–56）

图1–54

图1–55

图1–56

四十一

双推手

【练法】

左拳变掌，两掌左右分开向下画弧，至小腹前之际，两掌一齐向前上推出，掌棱向前，掌尖向上，掌心相对，约与眉平；同时，左脚向前跨步，右脚蹬伸成左弓步，上体略前倾；目视两掌。（图1–57）

四十二

阴阳掌

【练法】

重心移至右腿，屈膝半蹲，左脚贴地后收一步，前脚掌点地，成左虚步；同时，右掌向下、向上、向左画弧，至左肩侧立掌，掌尖向上，掌心向左，左掌向右、向下削掌至左膝前外侧，掌心向下，掌棱向左；目视左前方。（图1–58）

图1–57

图1–58

四十三

单插手

【练法】

右脚向左前上步，左腿蹬伸，成右弓步；同时，左掌收抱于左腰间，掌心向上，右掌向前插出，掌心向下，约与眼平；目视右掌。（图1–59）

四十四

冲天拳

【练法】

左脚向右前上步，前脚掌点地，重心移于右腿，两腿屈膝半蹲，成左虚步；同时，右掌变拳，收至右腰间，拳心向上，左掌变拳向前上方挑顶而出，拳面向上，拳心对鼻；目视左拳。（图1–60）

图1–59

图1–60

丹凤朝阳

四十五

【练法】

1. 左脚跟落地，脚尖内扣，随即身体右转，右脚前移半步，前脚掌点地，成右虚步；同时，两拳变掌，左右一分，即向胸前上方画弧合拢，成交叉手，左外右内，掌尖向上，掌心向内，上体略前倾；目视前方。（图1–61）

2. 右脚稍向前移，左脚跟提起，重心前移，成左高跪步；同时，两掌分开，左掌向前推出，掌尖向上，掌心向前，力达掌根，高约过顶，右掌向右胯后侧下砍，掌尖向下，掌棱向后，上体略前倾；目视前方。（图1–62）

图1–61

图1–62

四十六

下擂拳

【练法】

左脚跟落地，右脚向前滑出一步，重心左移，两腿屈膝半蹲，成右半马步，上体左转；同时，左掌变拳，收抱于腰间，拳心向上，右掌变拳，向右提冲而出，拳眼向上，约与肩平；目视右拳。（图1-63）

四十七

寸腿

【练法】

右腿伸膝立起，左脚向前弹击，约与胫平，力达脚尖；同时，右拳收抱于腰间，拳心向上，左拳向前上抄，拳心向上，拳面向前，约与胸平；目视左拳。（图1-64）

图1-63

图1-64

四十八 抢步单叉手

【练法】

左脚向前落步，右脚稍微跟进，迅疾蹬伸，成左高弓步；同时，左拳收回左腰间，拳心向上，右拳变掌，向前叉出，呈虎口向上，手心向前，约与喉平；目视右手。（图1–65）

四十九 开山式

【练法】

1. 左脚稍收，重心移到右腿，成左虚步；同时，右掌向左转腕，左拳变掌向前从右掌根滑过，两掌交叉，约与肩平，左外右内，两掌尖向上，左掌心向前，右掌心斜向左下；目视两掌。（图1–66）

图1–65

图1–66

2. 右脚向前蹿出一步，左腿猛地向前屈膝上抬，身体上纵，准备腾空；同时，两掌向前上方提起，掌尖向前，掌心向下。（图1–67）

3. 动作不停。右脚迅疾蹬地向前上飞踢，身体腾空；同时，左掌变勾手向左斜上方展臂，勾尖向下，右掌前伸，迎拍右脚背；目视右掌。（图1–68）

4. 左脚向后落地，右脚随之向前落地，重心右移，右腿屈膝半蹲，左腿伸直，成左仆步；同时，右掌成拳，收至右腰间，拳心向上，左勾手变掌，向下劈于裆前，掌尖向下，掌心向右；目视左掌。（图1–69）

图1–67

图1–68

图1–69

五十 冲天拳

【练法】

左脚向右收拢，随之身体右转，右脚跟提起，成右虚步；同时，左掌成拳，收抱于左腰间，右拳向前上顶，臂呈半弧状，拳面向上，约与口平；目视右拳。（图1–70）

五十一 双冲拳

【练法】

1. 右脚跺地，向前蹿进一步，左腿蹬伸，成右弓步；同时，两拳向左右后下方甩出，约与胯平，拳面斜向下，拳心向前，昂首挺胸；目视前方。（图1–71）

2. 动作不停。两拳由外向内，至腰间挽一小圆，然后猛力向前冲出，拳心相对，拳眼向上，约与肩平；目视两拳。（图1–72）

图1–70

图1–71

图1–72

五十二

鹞子翻身

【练法】

1. 重心移至左腿，右脚内收一步，脚尖点地，成右虚步；同时，两拳收回变掌，交叉于胸前，左外右内，两掌心向内，掌尖向上，上体略前倾；目视前方。（图1–73）

2. 将身体猛力一挫，两脚一蹬，全身左旋跃起，左腿屈膝上抬；同时，两掌向上扬起。（图1–74）

3. 动作不停。左脚略向外摆，右脚顺势向左上里合踢出；同时，右掌向右摆，左掌迎击右脚内侧，完成空中旋风腿。（图1–75）

4. 身体在空中旋转约360°之后，左脚落下，右脚向右弧形划落，两脚落地，重心下沉，屈膝半蹲成马步；同时，两掌交叉于胸前，左内右外，两掌尖向上，掌心向外；目视正前方。（图1–76）

图1-73

图1-74

图1-75

图1-76

五十三

回龙拳

【练法】

左脚尖内扣，随之伸膝立身，上体右转约180°；右掌变拳，随转身向右后甩出，拳眼向上，力达拳背，约与肩平，左掌变拳护于右肩前，拳眼向上，拳心向里；同时，两腿成绞花步，右前左后；目视右拳。（图1–77）

五十四

狮子大张口

【练法】

上体左转；右拳随转身在头顶舞花两圈，举于头顶上方，成架拳式；同时，右脚尖内扣，左脚尖外展，两腿屈膝半蹲，成左虚步；左拳护于右腰间，拳心向下；目视前方。（图1–78）

图1–77

图1–78

五十五

寸腿

【练法】

1. 右脚跺地，内收一步，左脚迅疾向前蹿进一步，右腿蹬伸，成左弓步；同时，左拳收回左腰间，拳心向上，右拳向后下画弧，经右腰向左前方冲出，拳心向下，约与肩平；目视右拳。（图1–79）

2. 重心移至左腿，伸膝立身，右脚提起向前蹬踢，脚尖勾紧，约与左膝平；同时，右拳收回护腰，拳心向上，左拳变掌向前推出，掌尖向上，掌心向前，腕与肩平；目视左掌。（图1–80）

图1–79

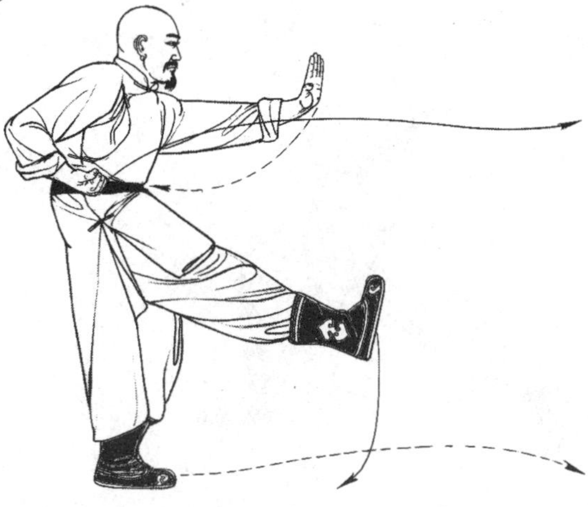

图1–80

五十六 进步单推手

【练法】

右脚向前落步，左脚随之向前上进一步，右腿蹬伸，成左弓步；同时，左掌变拳，收回左腰间，拳心向上，右拳变掌向前推出，掌尖向上，掌心向前，腕与肩平；目视右掌。（图1–81）

五十七 顺步挑腿

【练法】

重心移于左腿，速起右脚向前弹踢而出，脚尖向前，约与腹平；同时，右掌成拳，收回右腰间，拳心向上，左拳向前冲出，拳眼向上，约与口平；目视左拳。（图1–82）

图1–81

图1–82

五十八

分水掌

【练法】

1. 右脚向后落步，重心移至右腿，两膝稍屈，成左高虚步；同时，两拳变掌，收于胸前交叉，左外右内，掌尖向上，掌心向外；目视前方。（图1–83）

2. 两脚前滑，成左弓步；同时，两掌交叉向前推出，腕与肩平，上体前倾；目视两掌。（图1–84）

3. 动作不停。两掌向左右分展，坐腕立掌，掌尖向上，掌心向外，腕与肩平，挺胸昂首；目视前方。（图1–85）

图1–83

图1–84

图1–85

五十九 扫堂腿

【练法】

1. 右脚尖外展，左脚尖内扣，身体右转约180°，左腿蹬伸，成右弓步；同时，两掌平摆，上体略右倾；目视右掌。（图1–86）

2. 动作不停。上身右转前俯；两掌按地于右脚两侧；左脚擦地向右扫去，以一周为度，仍至原处复原式；目视前下方。（图1–87）

图1–86

图1–87

单托手

六十

【练法】

1. 上身立起，左脚向右前进一步，脚尖点地，成左虚步；同时，左掌成拳，收回腰间，拳心向上，右掌向前推出，掌尖向上，掌心向前，腕与肩平；目视右掌。（图1–88）

2. 两脚前滑，左虚步不变；同时，右掌收回右腰间，掌心向上，左拳变掌，向前穿托，高与肩平；目视左掌。（图1–89）

« 图1–88

» 图1–89

抢步钉子拳

六十一

【练法】

1. 左脚迅疾向前抢步，右脚紧随，脚跟抬起；同时，右掌变拳向前冲出，拳心向下，高与肩平，左掌变拳，屈肘收至左肩前，拳心向下，上体略前倾；目视右拳。（图1–90）

2. 动作不停。右脚向前抢进一步，左脚跟抬起；同时右拳拉回，护于右肩，左拳向前冲出，拳心向下，高与肩平；目视左拳。（图1–91）

图1-90

图1-91

六十二

铁牛锄地

【练法】

左脚跟落地，向左转身，右脚向左盖步，两腿屈膝下蹲成扭步；同时，左拳拉回，屈肘收至左胸侧，拳心向上，右拳从斜上方向下猛击，拳面向下，拳心向里，上身前俯；目视右拳。（图1-92）

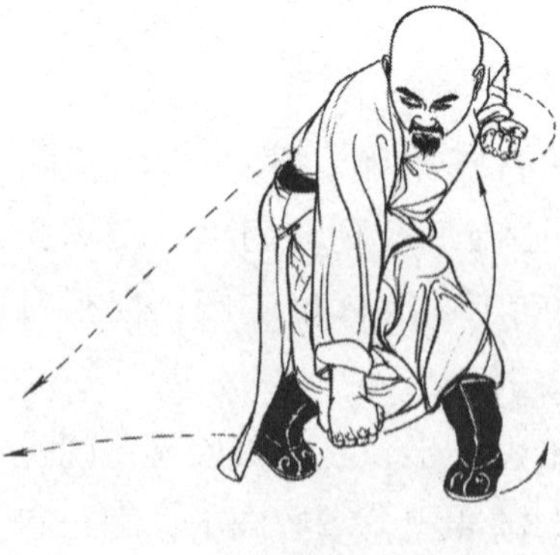

图1-92

披身伏虎

六十三

【练法】

右脚尖内扣，向左转身，左脚向左侧擦地伸出，右腿屈膝下蹲，成左仆步；同时，右拳收于右腰间，拳心向上，左拳变掌，向左脚踝上切出，掌心向下，上身左俯；目视左掌。（图1–93）

双风贯耳

六十四

【练法】

将身体上提，重心向左前移，右脚向左前跨进一步，左腿蹬伸，成右弓步；同时，两手由内向外在腰间挽一小圆，迅疾向前弧形贯击而出，拳心相对，拳眼向上，约与耳平；目视两拳。（图1–94）

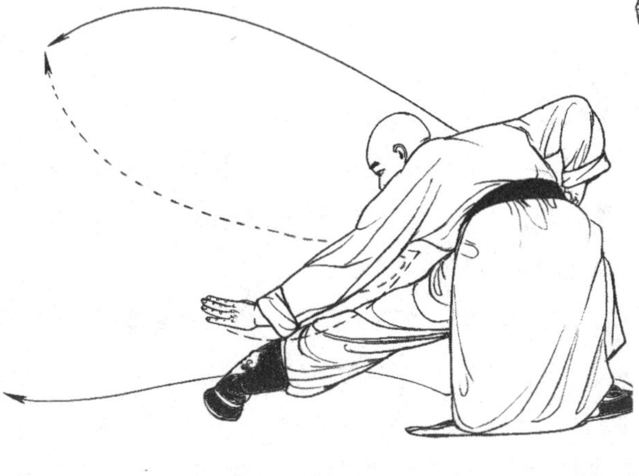

图1–93

图1–94

六十五

下冲拳

【练法】

右脚尖内扣，上体转正，两腿屈膝半蹲成马步；同时，左拳向下弧形收抱于左腰间，拳心向上，右拳向上经头顶向左，随转身向前下击出，置于裆部右侧，拳面向下，拳眼向左；目视正前方。（图1–95）

图1–95

六十六

分水犀

【练法】

1. 身体左转约90°，右脚向左前上进一步，成右高虚步；同时，两拳变掌，随转身上收于胸前合掌，掌尖向上；目视前方。（图1–96）

2. 动作不停。左腿蹬伸，成右弓步；同时，两掌向上推出，合掌不变，约与额平；目视两掌。（图1–97）

3. 随即，两掌向左右斜上方用力分开，上身略向后仰，掌尖向上，臂呈半弧状，掌心向外，掌尖过顶；目视前方。（图1–98）

图1-96

图1-97

图1-98

六十七

穿心钉

【练法】

右脚蹂步前滑，左脚迅疾向前跨出一步，脚尖点地，重心移至右腿，成左虚步；同时，右掌握拳，抱于右胸侧，拳心向上，左掌下落，向前插出，掌心向下，高与肩平；目视左掌。（图1–99）

六十八

双飞腿

【练法】

1. 左虚步不变；右拳变掌前伸，左掌后收，两掌画弧成交叉手，左外右内，掌尖向上，掌心向外，高与鼻平；目视两掌。（图1–100）

图1–99

图1–100

2. 左腿屈膝猛地向上踢起，带动右脚飞起；同时，两掌随腾身上提于头顶前上方。（图1–101）

3. 动作不停。右脚向前上方飞踢而出，脚尖向上，左腿屈膝后收；同时，左掌向左展臂变勾手，勾尖向下，右掌向前上迎击右脚背；目视右掌。（图1–102）

图1–101

图1–102

六十九

双冲拳

【练法】

1. 左脚向前落地，右脚随之后落于左脚后方，两腿屈膝半蹲，成左虚步；同时，两掌向里画弧，于胸前交叉，左外右内，两掌尖向上，掌心向外；目视前方。（图1–103）

2. 左脚向前一步，右腿蹬伸，成左弓步；同时，两掌画弧下收于腰间变拳，继向前冲出，拳心相对，拳眼向上，约与肩平；目视两拳。（图1–104）

图1–103

图1–104

双抄拳

七十

【练法】

1. 右脚向左前上一大步，左腿蹬伸，上体左旋成右横裆步；同时，两拳抡转向裆下合击，拳面相抵，拳心向下，两臂伸开，身体略右倾；目视前下方。（图1–105）

2. 身体猛然一震，向右转体；两拳前后勾抄而起，右拳在前，左拳在后，两拳约与额平，拳面向上，拳心向里，上体右倾；目视右拳。（图1–106）

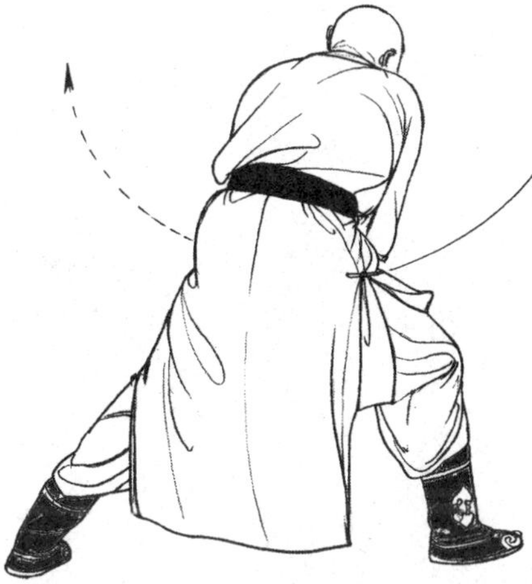

图1–105

图1–105附图

图1–106

七十一 半扫堂腿

【练法】

左脚擦地后扫半周至左脚右侧，身体随之后转，重心左移，成右仆步；同时，两拳收抱于腰间，拳心向上；目视右侧下方。（图1–107）

图1–107

七十二 灵弥护脑

【练法】

1. 左脚向右后侧收退一步，右脚尖略内扣，脚跟提起，成右虚步；目视正前方。（图1–108）

2. 左脚向前上方踢起，带动右脚飞起；同时，两拳变掌向上画弧，扬于头顶上方。（图1–109）

3. 动作不停。右脚顺势向前上方飞踢而起，整个身体腾空；同时，左臂向左展，左手握拳，拳心向下，右掌前伸，迎击右脚背；目视右掌。（图1–110）

4. 左脚落地，随之右脚落地，两脚开步，两膝稍屈；同时，上身顺势向右侧前俯，左臂伸向前下方，右掌甩向后方。（图1–111）

图1-108

图1-109

图1-110

图1-111

5. 上体迅速向左上旋转，左腿屈膝上提左旋，带动右脚上起；同时，两掌向左上旋甩而起。（图1–112）

6. 身体继续左转腾空，右脚向左上方里合摆踢。（图1–113）

图1–112

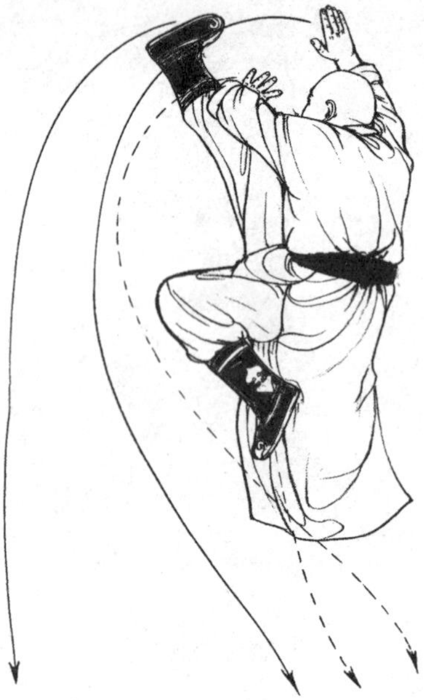

图1–113

7. 身体腾空向左旋转约360° 后，左脚落地，右脚紧随落地；同时，两掌下落按地于左脚两侧，重心左移，成右仆步；目视右脚。（图1–114）

8. 右脚起一扫堂腿约360° ，随之上体左转成左弓步；同时，两掌撑离地；目视左前下方。（图1–115）

9. 右脚内收，左脚尖内扣，上身立起成马步；同时，右掌上摆，架于头顶上方，掌尖向左，虎口向下，左掌向左推出，掌心向左，掌尖向上，腕与肩平；目视左掌。（图1–116）

10.左脚收向右脚，两腿伸立；同时，两掌成拳，收抱于腰间，拳心向上；目视前方。（图1–117）

图1-114

图1-115

图1-116

图1-117

11.手形不变；两脚向正前急行三步，再后退三步，随即正身直立；两拳画弧，上合胸前，屈肘平肩，两拳眼向下，拳面相对；目视前方。（图1–118）

12. 两拳变掌，下落腿侧。本拳收式。（图1–119）

图1–118

图1–119

第二章
甘凤池秘传腿法

甘凤池二十四腿法，技法全面，高低前后，面面俱到，是一套秘传的踢腿单练技法。一旦练熟，所有腿法皆可融会贯通。

一

高点腿

【练法】

1. 两脚并步站立；两掌垂放两腿外侧，正身；目视前方。（图2-1）

2. 两掌变拳，左右平举，一字平肩，拳眼向上；目视前方。（图2-2）

3. 两拳从两侧向上、向下屈肘下落至腹前，两拳心均向下，拳面相对；目视两拳。（图2-3）

4. 左脚提起向左侧迈出一步，仆腿，脚尖内扣，右腿屈膝下蹲；同时，右拳收抱于右腰间，左拳变掌向左、向上经面前画弧按掌于右拳面；目视左前下方。（图2-4）

5. 重心左移成左弓步；同时，右拳变掌与左掌向左脚背画弧，继向前上托推掌，腕高与肩平；目视两掌。（图2-5）

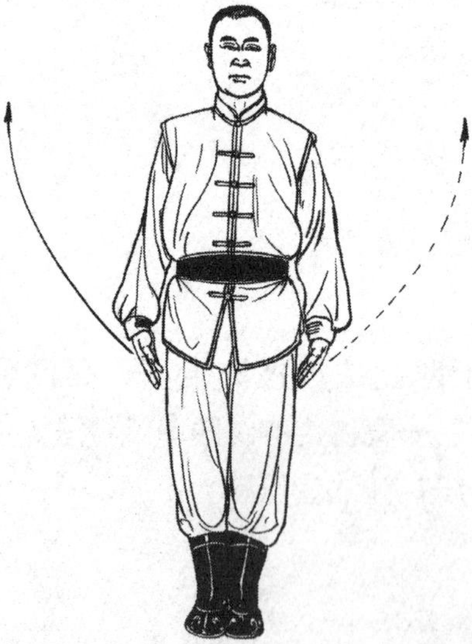

图2-1

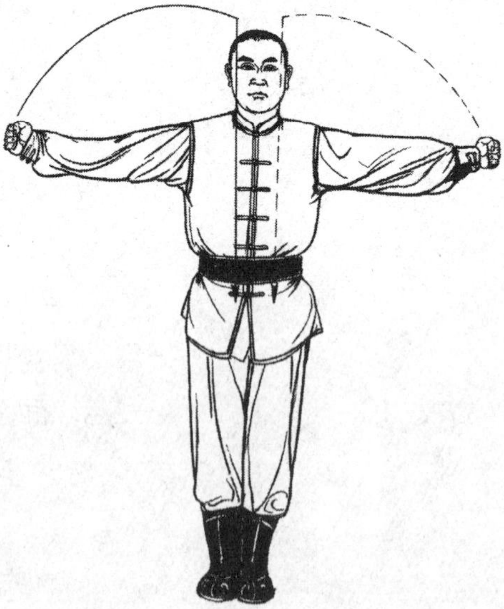

图2-2

图2-3

图2-4

图2-5

6. 右脚向前上步，身体随即左转，左腿屈膝半蹲，右腿挺膝蹬直，成左横裆步；同时，两臂屈肘交叉于胸前，两掌尖向上；目视右侧。（图2-6）

7. 左掌弧形摆至头上方，掌心向上，右掌变拳，屈肘收抱于腹前，拳心向上；同时，右腿屈膝抬起，脚尖向右前方，左腿微屈膝；目视右侧。（图2-7）

8. 动作不停。右腿伸膝向右上方点出，脚尖向右上方；目视右脚。（图2-8）

图2-6

图2-6附图

图2-7

图2-8

9. 右脚向前落步，屈膝，同时，左脚内扣，身体右转；右拳变掌，向上穿出，左掌外旋下落至右臂内侧，两掌交叉合抱于胸前，掌心斜相对；目视右掌。（图2–9）

10.右脚尖外展，身体继续右转，同时，左腿屈膝提起，脚尖勾起，脚底向左下；右掌随即外旋上架于头上方，掌心向上，左掌变拳收抱于左腰侧，拳心向上；目视左前方。（图2–10）

11.身体稍向右倾斜，左腿用力向斜上方点出；上肢姿势不变；目视左脚。（图2–11）

图2–9

图2–10

图2–11

二

低点腿

【练法】

1. 左脚向前落步，屈膝前弓；两手变拳收抱于腰间；目视前方。（图2–12）

2. 右脚向前方上进一大步，屈膝半蹲，左腿挺膝蹬伸，成右弓步；两拳抱腰不变；目视前方。（图2–13）

图2–12

图2–13

3. 重心移于右腿，屈膝半蹲，左腿在体前屈膝提起，左脚脚面绷直，脚尖向下；同时，右臂经体前屈肘架于头上方，右拳心向前上方；目视前方。（图2–14）

4. 动作不停。左脚向前方弹踢，约与膝平，脚面绷平；目视左脚。（图2–15）

5. 左脚向前落步，屈膝半蹲，右腿挺膝蹬直，成左弓步；同时，右臂从头上屈肘外旋，右拳收抱于右腰侧，拳心向上；目视前方。（图2–16）

图2-14

图2-15

图2-16

6. 左腿微屈膝，右腿在体前屈膝提起，脚尖向下；同时，左臂经体前屈肘架于头上方，左拳心向前上方；目视前方。（图2-17）

7. 动作不停。右腿向正前方弹踢，约与裆平，脚面绷平；目视右脚。（图2-18）

图2-17

图2-18

三

变桩法

【练法】

1. 右脚向前落步，身体左转，左腿屈膝半蹲，右腿挺膝蹬伸，成左弓步；同时，左拳下收抱于腰间；目视前方。（图2-19）

2. 左弓步不变；左拳变掌，从左腰侧内旋，直臂向前横击，掌心向前；目视左掌。（图2-20）

3. 右脚向前方上进一步，屈膝半蹲，左腿挺膝蹬直，成右弓步；同时，左掌屈肘收抱于右胁前，掌心向右，掌尖斜向上，右拳从左掌上方向斜上方直臂冲出，约与额平，拳心向里；目视右拳。（图2-21）

图2-19

图2-20

图2-21

4. 身体略左转，左腿屈膝提起，重心移至右腿；同时，右臂屈肘，右拳内扣于右胸前，拳心向右，左掌外旋，掌心向上；目视前下方。（图2–22）

5. 动作不停。左脚下震于右脚内侧地面，两腿屈膝半蹲，右脚跟抬起；同时，右拳变勾手向右外勾挂，勾尖向上；左掌横架于头顶上方，掌心斜向上；目视右下方。（图2–23）

图2–22

图2–23

四 勾挂腿

【练法】

1. 身体上起，右腿屈膝提起，脚面绷直，脚尖向下；两臂在腹前交叉，左臂在外，左掌下落，掌尖向上，置于左肘外，右臂在里，右勾手变拳，拳心向上，提于左胯侧；目视右下方。（图2–24）

2. 右腿伸膝向右侧蹬出，脚掌内翻，身体略向左倾斜；两拳握紧；目视右脚。（图2–25）

3. 右腿屈膝收回于体前，脚面绷直，脚尖向下；目视右下方。（图2–26）

4. 右脚向右横跨一步，右腿挺直，成左弓步；两拳分别向左、右两侧弧形反臂挑出，与肩同高，拳眼向上；目视右拳。（图2–27）

图2–24

图2–25

图2–26

图2–27

五 截拦蹬

【练法】

1. 左腿屈膝提于右腿斜后方，重心移至右腿；同时，身体向右前方倾斜，右臂屈肘，右拳外旋下砸，落于体前，拳心向上，左臂屈肘外旋，左拳收抱于左腰侧，拳心向上；目视右拳。（图2–28）

2. 左脚下震步，左膝部略屈，右腿同时屈膝提起；右臂略屈回摆，左臂不动；目视右拳。（图2–29）

图2–28

图2–29

3. 动作不停。右腿迅疾向前上方伸膝蹬出，脚尖向上；同时，右拳向上横架于头顶上方，拳心斜向上，左拳向前平直冲出，约与肩平，拳心向下；目视前方。（图2–30）

4. 右脚下震落于左脚前，左腿迅速屈膝提起；同时，身体向右前方倾斜，右臂屈肘外旋，从头上方下砸，右拳落于体前，拳面向下，左臂屈肘外旋，左拳收抱于左腰侧，拳心向上；目视右拳。（图2–31）

5. 左脚用力向下震步，身体右转，右腿迅疾向前上方伸膝蹬出，脚尖勾起；同时，右拳向上横架于头顶上方，左拳向前平直冲出，拳心向下；目视前方。（图2–32）

6. 右脚下震落于左脚前，左腿迅速屈膝提起；同时，身体顺势左转并向右前方倾斜，右臂屈肘外旋下砸，右拳落于体前，拳面向下，左臂屈肘外旋，左拳收抱于左腰侧，拳心向上；目视右拳。（图2–33）

图2–30

图2–31

图2–32

图2–33

7. 右脚蹬地，右腿向上屈膝，身体右转腾空，左腿向前上方屈膝摆动；同时，右臂屈肘横架于头前上方，拳心斜向上，左拳摆至体前；目视前方。（图2–34）

8. 动作不停。跃起腾空后，右腿迅速向正前方伸膝蹬出，脚尖勾起；左拳向正前方冲出，拳心向下；目视前方。（图2–35）

图2–34

图2–35

六 高拦蹬

【练法】

1. 左脚落地，左腿略屈膝，右腿上提，重心后倾；两臂不动；目视前方。（图2–36）

2. 左脚蹬地跃起，身体腾空，右腿屈膝收回；同时，向右转体，在空中两拳变掌，两臂屈肘在胸前交叉，左掌在里，右掌在外，两掌心向里；目视左侧。（图2–37）

3. 动作不停。身体腾空的同时，左腿向左侧迅疾伸膝蹬出，右腿屈膝；两掌内旋，直臂向左、右两侧撑架，掌心向外，右掌略高于头，左掌与肩同高；目视左侧。（图2–38）

4. 右脚落地；两手后摆；目视左上方。（图2–39）

图2–36

图2–37

图2–38

图2–39

七

勾蹬腿

【练法】

1. 左脚落地，上体直起；两掌前后展开，左低右高，两掌尖向上；目视左掌。（图2–40）

2. 左腿屈膝半蹲，右脚尖勾起，从后向前弧形勾踢；同时，身体左转，左掌变拳，屈肘收抱于左腰侧，拳心向上，右掌向前弧形平摆至体前，腕与肩平，掌心向前；目视右掌。（图2–41）

图2–40

图2–41

3. 左腿伸膝，同时，右腿屈膝收至体前；右掌变拳，屈肘收抱于右胸前，两拳心均向下；目视右方。（图2–42）

4. 动作不停。右腿迅速伸膝向前蹬出；右拳外旋向前稍伸，拳眼向上，左拳外旋，拳心向上；目视右下方。（图2–43）

图2-42

图2-43

后撩脚

【练法】

1. 以左脚跟为轴，身体左转，右腿屈膝，收至左腿右前方；同时，右拳收抱于右腰侧，拳心向上；目视前方。（图2-44）

2. 右脚向右外侧地面震步，两腿屈膝半蹲成马步；两拳抱腰不变。（图2-45）

图2-44

图2-45

3. 右腿屈膝后撤一步，前脚掌着地，身体重心移至左腿；同时，两拳变掌，屈臂交叉于胸前成立掌，左掌在右掌上方，两掌心向外；目视前方。（图2-46）

4. 右腿略屈膝，左膝向后撩踢，脚稍高于头，脚掌上翻，脚尖向后；同时，两掌从胸前向前后摆起，以助其劲；目视左后方。（图2-47）

5. 左腿随即下落，前脚掌戳地，落于右脚左后方，两腿略屈膝；左掌成勾手，向左后勾挂，右掌架于右额上方。（图2-48）

图2-46

图2-47

图2-48

九

转蹬腿

【练法】

1. 身体左转，左脚跟落地，脚尖外展，右脚上步于左脚内侧成并步，两腿屈膝半蹲；同时，左勾手变掌，屈臂上举，掌尖斜向右；右掌向前、向下画弧至右胯后方变勾手，勾尖向上；目视右后下方。（图2–49）

2. 左腿屈膝提起；同时，右勾手变掌，向前、向上弧形摆动，至头上方时屈肘横架，掌心向前上方，左掌从上向前，经体左侧向后直臂摆动，至左胯后时成勾手，勾尖向上；目视前方。（图2–50）

3. 右脚掌碾地，身体左转，左脚随即向左后方蹬出，脚跟用力，脚尖横平勾起；目视左脚。（图2–51）

图2–49

图2–50

图2-51

十

寸劲腿

【练法】

1. 上体右转，重心后移，左脚落地，右腿略屈膝，成右弓步；同时，右掌变拳收抱于右腰侧，拳心向上，左勾手变掌，向上直臂摆起，约与肩平，掌心向下；目视左掌。（图2-52）

2. 身体左转，右脚内扣，左脚外展屈膝，成左弓步；同时，左掌向上、向左直臂弧形摆动，掌心向前，掌尖向上，腕与肩平，右拳从右腰侧向上直臂摆平，拳眼向上；目视左掌。（图2-53）

3. 右拳外旋，向上、向前、向下劈砸，拳心向上，左臂屈肘外旋，左掌变拳下落，拳眼向上；同时，右腿从后向前踢出寸腿，脚尖向上，约与膝平；目视右拳。（图2-54）

图2-52

图2-53

图2-54

十一

十字飞

【练法】

1. 右脚向前落步，随即左脚和右脚并拢，屈膝半蹲；左拳变掌托住右前臂上举；目视右拳。（图2-55）

2. 两腿下蹲，迅速用力蹬地向上跳起，在空中右腿在前，左腿在后，屈膝提起；同时，左掌变拳，和右拳共同收抱于两腰侧，拳心向上；目视前方。（图2-56）

3. 动作不停。在空中最高点，两腿迅速向前后用力蹬出，右脚在前，脚尖向上，左脚在后，脚尖向下；同时，两拳变掌，向左、右展臂推开，掌心向外；目视前上方。（图2-57）

图2-55

图2-56

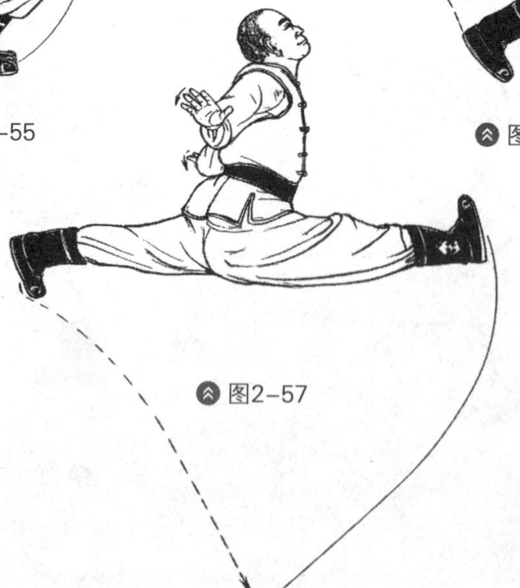

图2-57

里合腿

十二

【练法】

1. 两脚同时落地，屈膝半蹲，脚尖向前；两掌握拳，直臂；目视前方。（图2–58）

2. 左脚向前一步，左腿略屈膝，右腿伸直成左弓步；同时，两拳变掌在体前交叉，右掌在外，左掌在里，右掌心向里，左掌心向外，两腕约与肩平；目视右掌。（图2–59）

图2–58

图2–59

3. 右掌向下、向右、向上直臂弧形摆动，掌心向右，左掌向上、向右、向前直臂弧形摆动；同时，右脚向右、向前里合横击，至前方时左掌击拍右脚背；目视右脚。（图2–60）

4. 右腿屈膝提起，脚面绷直，脚尖向下；同时，右掌外旋变拳下砸至腹前，拳心向上，左掌变勾手向上提起，勾尖向下；目视前方。（图2–61）

5.动作不停。右脚向前水平弹踢，脚面绷平，脚尖向前，约与裆平；同时，右拳从腹前向上收抱于右腰侧，拳心向上，左勾手变拳上架，拳心向前；目视右脚。（图2-62）

图2-60

图2-61

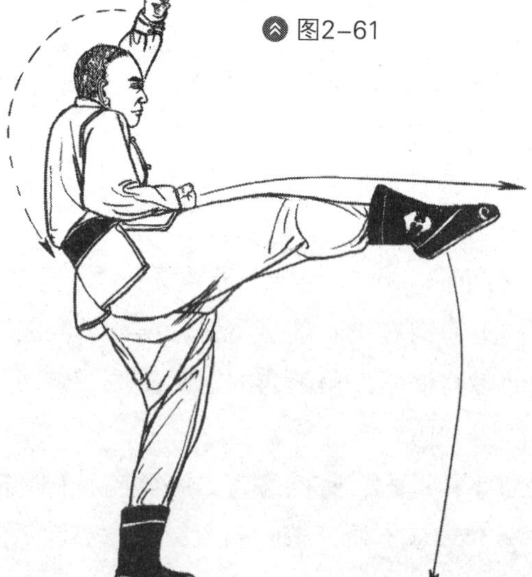
图2-62

铲马脚

十三

【练法】

1. 身体左转，右腿落步，两腿屈膝半蹲，成马步；同时，右拳向右平肩冲出，拳眼向上，左拳收抱于左腰侧，拳心向上；目视右拳。（图2-63）

2. 身体右转，左腿挺膝蹬伸，脚尖里扣，右腿屈膝，成右弓步；同时，左拳变掌向前抓握右手腕，两手随弓步顺势前送；目视右拳。（图2-64）

图2-63

图2-64

3. 右脚蹬地提起，重心移至左腿；两手不变。（图2-65）

4. 右脚在左脚内侧震脚，右膝略屈，左腿随即屈膝提起左脚置于右腿后方；同时，右拳外旋缠腕，屈肘收抱于右腰侧，拳心向上；目视左下方。（图2-66）

5. 左脚向左前下方铲击，脚掌向下，右腿稍屈；目视左脚。（图2-67）

图2-65

图2-66

图2-67

十四 朝天腿

【练法】

1. 左脚收回，屈膝提起，脚面绷直，脚尖向下；同时，左掌变拳收抱于左腰侧，拳心向上；目视左下方。（图2-68）

2. 左脚向左横跨一步，两腿屈膝半蹲，成马步；同时，左拳变掌，从左腰侧向左横切，约与肩平，掌心斜向外；目视左前方。（图2-69）

3. 上体左转，右脚内扣，右腿伸直，左脚外展，左腿略屈膝，成左弓步，上体略前倾；同时，右拳变掌内旋，向前、向上直臂穿出，掌心向外，左臂外旋，略屈肘，掌心向上；目视左掌。（图2–70）

4. 动作不停。右脚向前上方踢出，脚腕里勾，脚尖向上；同时，上体略后仰并向右扭转，右掌变勾手向右、向后摆动，左掌向上、向后摆动，掌尖斜向上；目视右脚。（图2–71）

图2–68

图2–69

图2–70

图2–71

十五 小扒腿

【练法】

1. 右脚落步，左脚脚跟落地，向左蹍转，上体左转，成右横裆步；同时，左掌向右胸前收，掌心向里，右勾手变掌向左前平砍，右肘略屈，两臂交叉于胸前；目视右掌。（图2-72）

2. 左脚向左收半步，右掌向下经腹前向右、向上弧形摆动，至头上方，掌心向前，同时，左掌内旋向后、向下摆动，至左胯后方成勾手，勾尖向上；目视左侧。（图2-73）

图2-72

图2-73

3. 以两脚跟为轴，右脚内扣，左脚外展，身体左转，右腿挺膝蹬直，左腿屈膝，成左弓步；同时，右掌向左前斜插，掌尖向下，左勾手不变；目视右掌。（图2-74）

4. 右掌变拳收抱于右腰侧，拳心向上，同时，左勾手变掌向前推出，掌心向前，腕与肩平；目视左掌。（图2-75）

5. 左掌变勾手，勾尖向下；目视左勾手。（图2-76）

6. 左勾手变拳，收抱于左腰侧，拳心向上，同时，右拳变掌内旋向前推出，掌心向前，腕与肩平；目视右掌。（图2-77）

7. 右掌变勾手，勾尖向下，随即左拳变掌向右前臂上面穿出，掌尖向上；目视左掌。（图2-78）

图2-74

图2-75

图2-76

图2-77

图2-78

十六

飞云踪

【练法】

1. 右腿伸膝立起，两手变拳，收抱于两腰际；目视前方。（图2–79）

2. 左脚用力蹬地起跳，屈膝提起，身体腾空，在空中，右脚向前上方蹬出，脚跟用力，脚尖勾起，身体侧倾；同时，两拳向胸前摆起，拳心向下；目视右脚。（图2–80）

3. 身体侧摔，右腿在上，左腿在下，两腿屈膝；两掌按于地面；目视右上方。（图2–81）

图2–79

图2–80

图2–81

拦门蹬

十七

【练法】

1. 身体左旋，撑地而起，随即，左脚向前上步，屈膝，右腿蹬伸成左弓步；同时，两掌向前推出，腕与肩平，掌心向前；目视两掌。（图2–82）

2. 右腿屈膝提至体前，小腿外展，脚尖勾起，左腿略屈；同时，两掌变勾手，向胯后直臂勾出，勾尖向上；目视前方。（图2–83）

图2–82

图2–83

3.动作不停。右腿迅速向下用力蹬出，脚尖勾起，脚底向前；勾手不变；目视前方。（图2–84）

4.右脚落地，身体右转，两腿成右弓步；同时，左勾手变掌，向头左上方屈肘挡架，掌心向后，掌尖向上，右勾手变拳收抱于右腰侧，拳心向上；目视前方。（图2–85）

5. 左腿屈膝提起至左前方，脚尖稍向里勾；同时，左掌变拳落至左腰侧；目视左下方。（图2–86）

6. 动作不停。左腿迅速伸膝蹬直，脚尖勾起，脚掌横平；同时，左拳变勾手，向左胯后勾挂，勾尖向上；目视左脚。（图2–87）

图2–84

图2–85

图2–86

图2–87

十八 前后扫

【练法】

1. 左脚落地，左腿伸膝蹬直，右腿屈膝，成右弓步；同时，右拳变掌，直臂向右平肩摆掌，左勾手随即变掌，经体前弧形摆至右胸前下方；目视左下方。（图2–88）

2. 上体左转，右腿挺膝蹬直，左腿屈膝，成左弓步；同时，两掌从体右侧摆至体前下方，两掌心皆向下；目视右下方。（图2–89）

图2–88

图2–89

3. 动作不停。以左脚掌为轴，右脚掌贴地，从后向前直腿前扫约180°；同时，两掌落于左脚前撑地；目视右下方。（图2–90）

4. 右腿屈膝，以右脚前脚掌为轴碾地，同时，左脚掌贴地，直腿向后扫转一周。右腿屈膝，左腿挺膝蹬直，身体随即前倾；两手移至右脚前；目视下方。（图2–91）

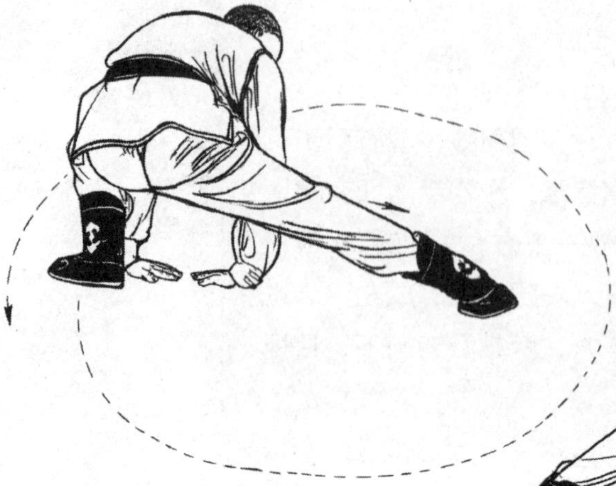

图2-90

图2-91

十九

绞剪腿

【练法】

1. 两掌稍向里挪；两脚向左摆转；目视左下方。（图2-92）

2. 动作不停。身体向左翻转，右腿屈膝全蹲，左脚尖勾起，直腿上摆与地面平行；两手随之摆至身体两侧，掌心皆向下；目视前方。（图2-93）

3. 两掌在身体两侧扶地，臀部与左腿坐地，微后仰身；目视正前方。（图2-94）

4. 右腿伸直，脚尖勾起，从下向左弧形上摆，同时，左腿略外展。（图2-95）

5. 右腿继续从上向左下方弧形摆腿，与左腿交叉，右前脚掌戳地，左腿随之屈膝，身体微左转；目视右脚。（图2-96）

6. 右腿从下向右弧形上摆，脚尖勾起；目视右脚。（图2-97）

图2-92

图2-93

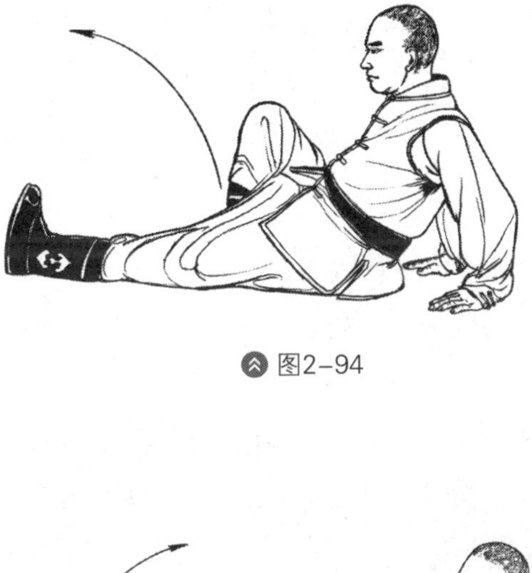
图2-94

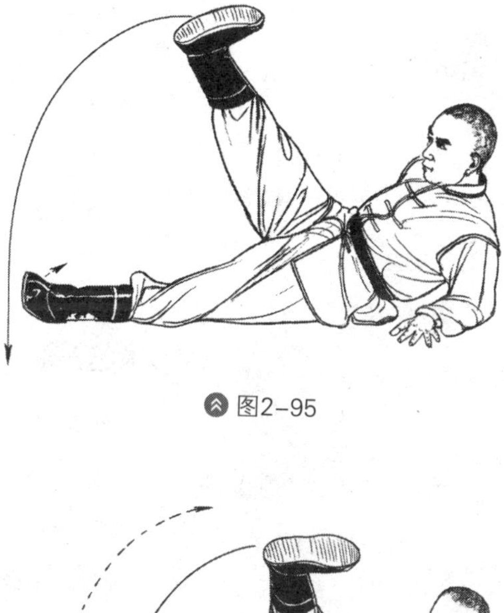
图2-95

图2-96

图2-97

7. 右腿从上向右、向下弧形摆腿落地，同时，左腿从下向上弧形摆起，脚尖勾起；目视左脚。（图2–98）

8. 左腿继续从上向左下方弧形摆腿，身体向右转，同时，右腿向里勾屈；目视左脚。（图2–99）

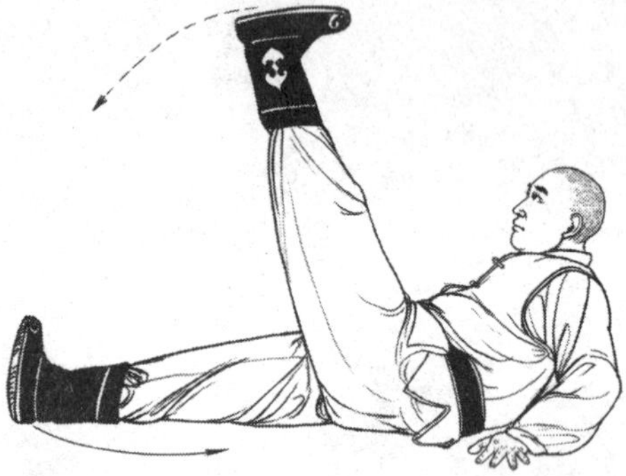

图2–98

图2–99

二十

倒立腿

【练法】

1. 身体继续右转，右肩着地，向后滚翻；身体前俯，两掌屈肘按地；右膝跪地于腹下，左腿后伸，脚跟抬起，膝部离地。（图2–100）

2. 身体用力翻起倒立，两腿屈膝，脚底向上。（图2–101）

3. 动作不停。左腿迅速向斜上方挺膝蹬出。（图2–102）

4. 左腿屈膝收回，右腿迅速向斜上方挺膝蹬出。（图2–103）

图2-100

图2-101

图2-102

图2-103

二十一

蛇尾腿

【练法】

1. 右腿屈膝落地，脚掌着地，左脚屈膝蓄势；同时，两臂用力撑直，重心上提；目视下方。（图2–104）

2. 动作不停。左腿迅速向斜上方蹬出；目视后方。（图2–105）

图2–104

图2–105

二十二

卧翻腿

【练法】

1. 右腿屈膝，左腿下落于右腿后方，微屈膝，前脚掌着地；目视左下方。（图2–106）

2. 两手向身后按地，坐地仰身；同时，左腿屈膝，右腿向上方摆起，微屈膝，脚腕勾起，脚尖向后。（图2–107）

3. 动作不停。左臂屈肘撑地，身体左转，同时，右掌从右后方经体前摆至体左侧扶地；右脚随之向左上方摆动，左腿微向前伸；目视右脚。（图2–108）

4. 右脚继续向右、向下弧形摆动，左腿迅速从下向上、向右上方与右腿交叉；右臂随之从左摆至身体右侧，两手撑地；同时，身体右转，臀部离地；目视两脚。（图2–109）

5. 两腿从上向下伸直落地，身体向右翻转俯卧；两臂屈肘在胸前撑地；目视前方。（图2–110）

图2–106

图2–107

图2–108

图2–109

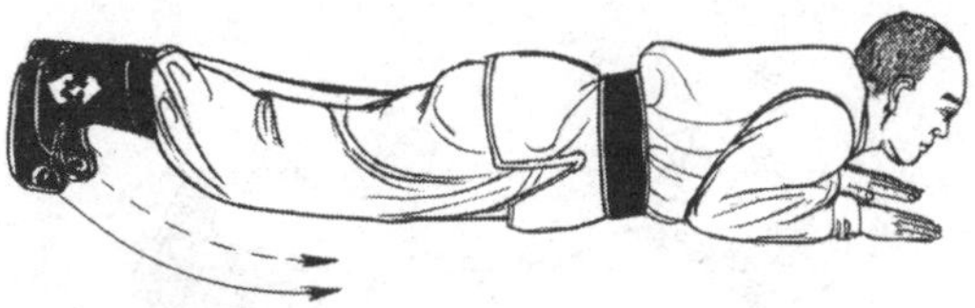
图2–110

二十三

穿臂腿

【练法】

1. 两手用力撑地，两臂伸直；同时，两腿前移；目视前下方。（图2–111）

2. 动作不停。两腿屈膝前摆至两手之间，大腿与胸部贴紧；目视前下方。（图2–112）

3. 动作不停。两腿继续向前蹬出，同时，臀部落地，上体后仰；两臂屈肘，两掌撑地；目视两脚。（图2–113）

4. 上体向后倒地，两臂伸直，掌心向下；同时，两腿落地，直体仰身；目视上方。（图2–114）

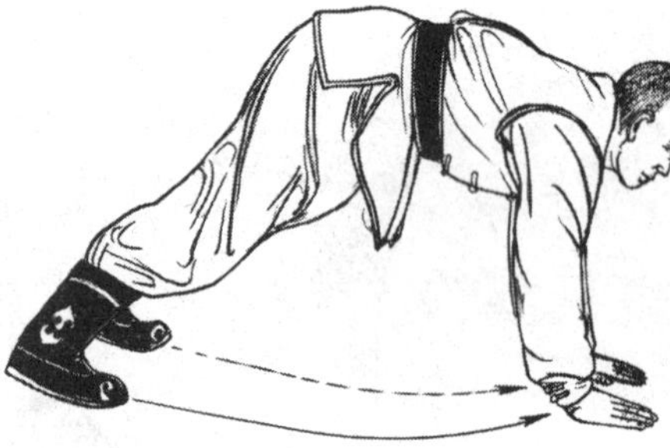

图2–111

图2–112

图2–113

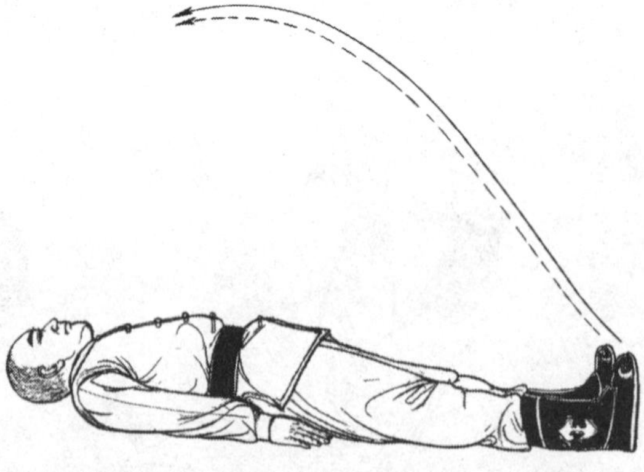

图2–114

反蹦腿

二十四

【练法】

1. 两腿向上弧形摆起，臀部离地；同时，两手用力撑地。（图 6–115）

2. 动作不停。两腿迅速用力向上、向下、向后弧形摆动；同时，两手用力推地上撑；两脚自然分开，顺势落地，身体向上挺起，即可乘势站立；目视斜上方。（图2–116）

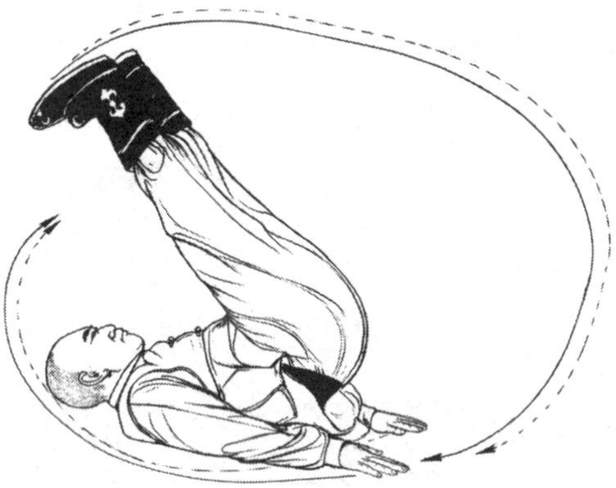

图2–115

图2–116

3. 起身后两脚踏实，两腿屈膝；两臂自然下垂于膝前；目视前下方。（图2–117）

4. 身体右转，两脚跳起分开落地，屈膝半蹲成马步；同时，右掌屈臂上架于头上方，掌尖向左，左掌变拳，向左平肩冲出，拳心向下；目视左前方。（图2–118）

5. 左脚蹬地向斜后方退一步，两腿微屈膝；同时，右掌外旋，下落直伸至右肩前，左拳变掌外旋，向上、向下落直伸于左胸前，两掌心向上；目视前方。（图2–119）

6. 右脚后退一步；同时，两掌向身体两侧平肩展开，两掌心向上；目视前方。（图2–120）

图2–117

图2–118

图2–119

图2–120

7. 左脚收步，与右脚并拢；同时，两掌变拳，向上、向下经面前落于腹前，拳心向下，拳面相对；目视前下方。（图2–121）

8. 两拳变掌下落，垂于体侧，端正头颈，挺膝站立；收式。（图2–122）

图2–121

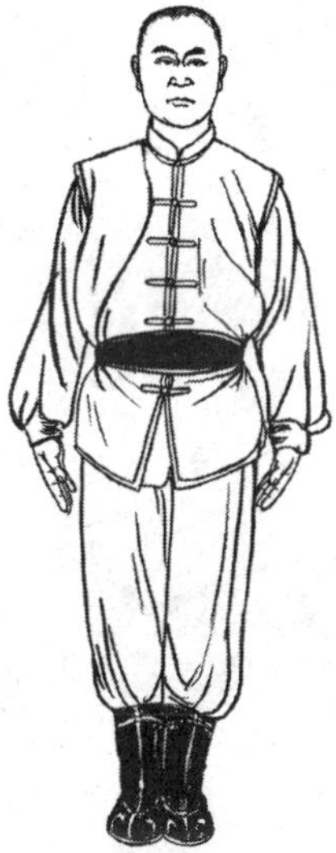

图2–122

第三章

甘凤池秘传擒扑法

甘凤池擒敌跌扑之法，独树一帜，自成一家。

擒拿摔跌，机敏善变，威猛难挡，轻则使敌失衡歪斜，跌趴躺地；重则致其身创体伤，瘫倒难起。

今专述甘门擒敌跌扑秘法，共三十六招，也称“天罡擒扑法”。

拨首勾踹

1. 与敌交手，敌右进步，右拳击打我面部。我左脚向后撤步，上体略向后仰闪避；同时，右手经左向上绕格抓住敌右腕向右斜下方拽带。（图3–1）

2. 随即，我左手压敌头颈或抓敌头发向左下方拨；同时，左脚勾踢敌右脚跟部。（图3–2）

3. 动作不停。我手、脚配合发力，将敌向左斜下方摔跌而出。（图3–3）

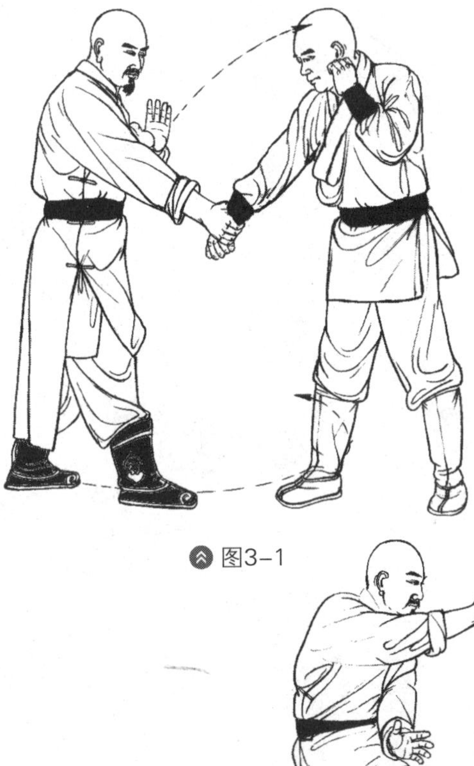

图3–1

图3–2

图3–3

二

扶栏看花

1. 与敌相搏，我主动进攻，两脚进步，上体前倾，两手抓敌两肩。（图3–4）

2. 动作不停。我右脚迅疾向前勾踢敌左脚跟或左腿弯，两手拽敌两肩向右斜侧摔，将敌跌出。（图3–5）

图3–4

图3–5

三

沾身搂推

1.与敌相搏，我主动进攻，左手前伸搂抓敌左肩，右掌按敌下巴；同时，右腿上步，绊住敌左腿。（图3–6）

2.动作不停。我左手猛抓敌右肩向左后下方拽带，右掌按敌下巴向左外下方旋推，将敌跌出。（图3–7）

图3-6

图3-7

顺手牵羊

四

1. 敌右进步，右拳击打我面部。我先用右掌拦截，随即抓敌右腕；左手抓敌右肘。（图3-8）

2. 动作不停。我右脚向左后稍摆，上体右旋，两手猛地发力拽敌右臂，令其向右下方跌出。（图3-9）

图3-8

图3-9

五 黑虎偷裆

1. 敌右进步，两手来抓我头部或肩部。我右脚向右闪步，下沉身，避过敌双手抓击；随即，我左脚向敌右腿外侧上步，两手下伸捞抓敌两小腿。（图3-10）

2. 动作不停。我头猛顶敌小腹，两手猛提敌两腿，令敌仰面跌倒。（图3-11）

图3-10

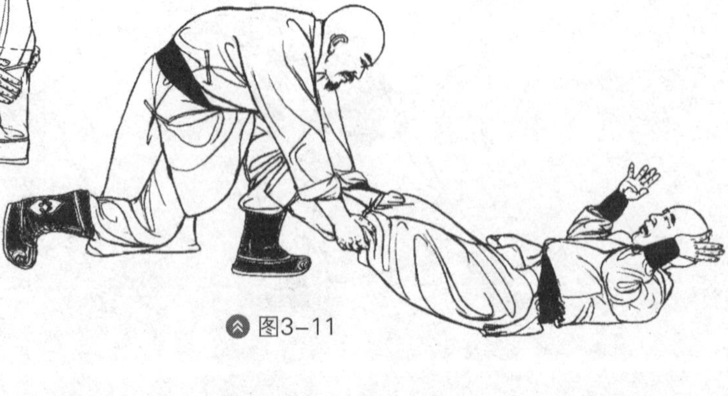

图3-11

六 隔篱偷笋

1. 敌左进步，自后方以左拳击打我头部。我左脚向后撤退一步，右臂侧格；随即，我右手外旋扣指，抓敌左腕关节；同时，左脚插步于敌左腿后方，下伸左掌拦按敌腰部。（图3–12）

2. 动作不停。我右手拽敌右腕向右下后侧旋带，左膀前靠，左脚向左后绊敌左腿，将敌仰面摔跌。（图3–13）

图3–12

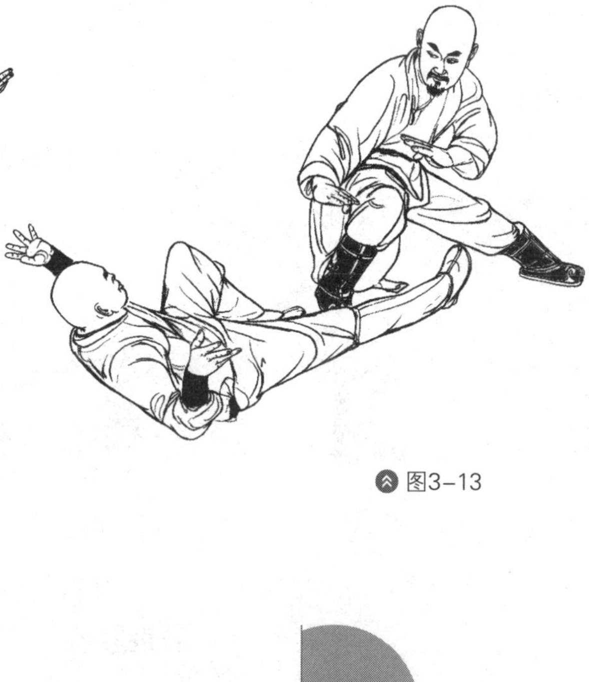

图3–13

七 枯树盘根

1. 敌从我身后抓我或抱我。我即躬身前屈，用双手抓敌右脚踝部。（图3–14）

2. 随即，我两手抓敌右脚踝上提，臀部下坐敌右大腿，使敌仰跌于地。动作不停，再用两手抓敌右脚掌及右脚踝，以拧劲扭之。（图3–15 ）

图3-14

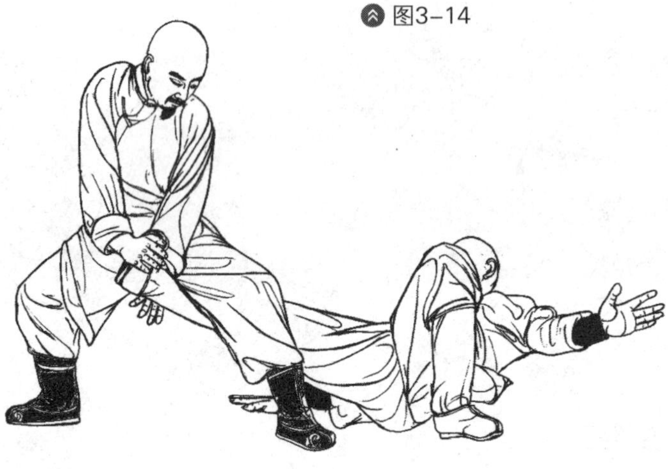

图3-15

八 捞抱跪裆

1. 敌右进步，右拳击打我面部。我迅疾沉身，避敌锋芒。（图3-16）

2. 我左脚上步于敌右腿之后，两手下捞抱抓敌之两腿，将敌仰面摔倒。（图3-17）

3. 动作不停。我右膝跪击敌裆部。（图3-18）

图3-16

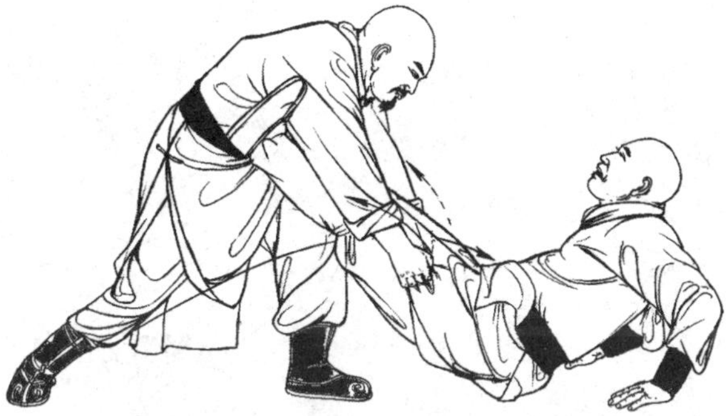

图3-17

图3-18

九 观音倒坐

1. 敌从我身后冲上，双手将我拦腰抱住。（图3–19）

2. 随即，我臀部向后下一坐，上体迅猛前俯；同时，两手下伸从裆下抓住敌两小腿。（图3–20）

3. 动作不停。我臀部下坐，两手将敌两脚向前上方扳起，使敌仰倒跌地。（图3–21）

图3–19

图3–20

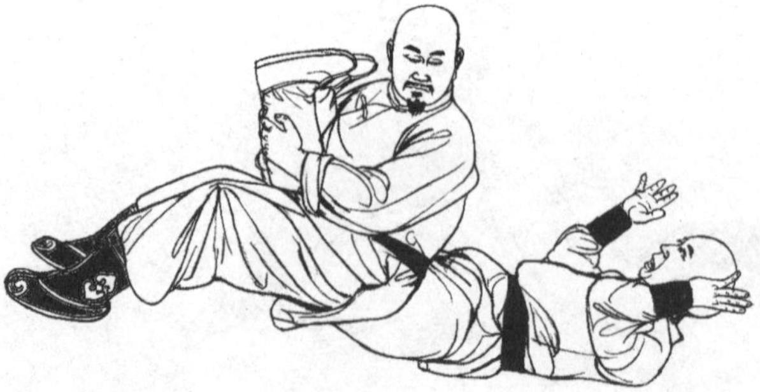

图3–21

驮米上仓

1. 敌从我身后用双手向前将我拦腰抱住。（图3–22）

2. 我立即头向左偏，两手屈肘上举，从右肩上面向后将敌头颈反手挟抱。（图3–23）

3. 动作不停。我迅疾身体前俯，臀部猛然撞击敌腹部，两手抱紧敌头颈向前下扯，将敌从右肩上扛起，向前摔出。（图3–24）

图3–22

图3–23

图3–24

十一

老僧挑包

1. 敌右进步，右拳击打我面部。我后滑步避敌锋芒，左掌上挑，格敌右腕内侧。随即，我左后转身，右脚弧形上步至敌右脚内侧，左掌转腕抓敌右臂，右手协助拿敌右臂；同时，左转体，将敌右臂扛在我右肩上。（图3-25）

2. 动作不停。我臀部后顶，上体前俯左旋，两手发力将敌扛起向前跌出，重重摔在地上。（图3-26）

图3-25

图3-26

十二

横肘旋跌

1. 敌右进步，左拳击打我面部。我略后退，左掌上挑，格敌左腕外侧。（图3-27）

2. 随即，我左掌旋腕抓敌左腕，右脚上步于敌右脚内侧；同时，右肘横击敌左肩。（图3-28）

3. 动作不停。我左旋转体，左手拽敌腕，右肘旋推敌左肩，令敌向我左侧跌出。（图3-29）

图3-27

图3-28

图3-29

十三 倒栽大葱

1.敌右进步，右拳击打我面部。我沉身下潜，避过敌拳锋芒之际，右脚进敌裆前，两手前伸搂抱敌右腿。（图3–30）

2.随即，我立身而起，两手用力上抄将敌扛在右肩上。（图3–31）

3.动作不停。我右肩发力，配合两手之劲，将敌向我身后倒栽而下，使其头部跌地。（图3–32）

图3–30

图3–31

图3–32

黄鹰拿兔

十四

1. 敌左进步，左拳击打我面部。我吞身下坐,避过敌拳锋芒。（图3-33）

2. 随即，我低头进身，两手搂夹敌左大腿。（图3-34）

3. 动作不停。我右脚进步，以脚跟绊住敌左脚跟，左肩靠敌腹部，将敌仰面摔倒。（图3-35）

图3-33

图3-34

图3-35

十五 猿猴抱柱

1. 敌左进步，左拳击打我面部。我收左步沉身，避过敌拳锋芒。（图3-36）

2. 随即，我低头进身，左脚上步绊住敌左脚跟外侧，两手抱住敌腿与胯，左肩紧紧抵住敌小腹。（图3-37）

3. 动作不停。我猛地右旋身，左肩发力，令敌旋转而仰面跌倒。（图3-38）

图3-36

图3-37

图3-38

十六

黄莺坐架

1. 敌从我身后将我两臂抱住。（图3–39）

2. 我左脚迅速向左、向后盘屈，勾住敌右腿。（图3–40）

3. 动作不停。我屈膝下坐，身体后仰，左脚勾提，致敌仰身后跌；同时，以臀部坐敌裆部。（图3–41）

图3–39

图3–40

图3–41

十七

怀中抱熊

1. 我右脚上步，跨过敌右腿后，落于其右脚跟内侧；同时，右臂横拦，胸部紧贴敌胸，右手抓按敌左肩后侧。（图3-42）

2. 动作不停。我上体向左旋压，致敌倒地。（图3-43）

图3-42

图3-43

十八

黄莺振翅

1. 敌左进步，左掌劈击我面部。我迅疾上迎左掌，格敌左腕外侧；同时，右脚上步，落于敌左脚跟外侧；右肘顶击敌右肋。（图3-44）

2. 随即，我右臂反拦震击敌胸部，右脚勾踢敌左脚跟，令敌仰面跌出。（图3-45）

图3-44

图3-45

半边跌法

十九

1. 敌左进步，右腿踹击我胸部。我迅疾后滑步沉身，避过敌右腿攻击；随即，我左臂兜接敌右腿，右脚上步别绊敌左腿，右掌按击敌胸部。（图3-46）

2. 动作不停。我两手配合，左旋发力，令敌向我左后侧摔跌而出。（图3-47）

拽腕背摔

二十

1. 敌从我身后用双臂环抱我胸部。（图3-48）

2. 我两手抓敌两腕猛拽，上体迅速前倾，将敌背起，使其从我头顶摔跌于地。（图3-49）

图3-46

图3-47

图3-48

图3-49

二十一

接抓蹬膝

1.敌左进步，右脚蹬踢我胸部。我迅疾吞身，右掌前按敌右脚掌，左手兜接敌右小腿，阻截敌腿攻击。（图3–50）

2.随即，我左脚侧踹敌左膝关节，使其受创。（图3–51）

3.动作不停。我左脚落步，双手控制住敌右腿不放松，身体右转发力，右脚向后方撤退一大步，致敌跌扑。（图3–52）

图3–50

图3–51

图3–52

二十二 直膝跌法

1. 敌右进步，左脚踢我右腰。我迅疾用右手捞接抱挟，并用左掌按住其左膝。（图3–53）

2. 随即，我左手向前、向下推压敌左膝关节，右手向上抄起；同时，右腿后蹬助力，将敌摔倒于地。（图3–54）

3. 动作不停。我旋即左转身，右脚跨过敌左腿，臀部猛坐敌大腿；同时，两手上搬敌左小腿，将敌制伏。（图3–55）

图3–53

图3–54

图3–55

三倒铜旗

二十三

1. 敌左进步，右拳击打我面部或胸部。我上体迅疾右转，避过敌拳，左手抓敌右腕。（图3–56）

2. 随即，我右手抓敌右手，与左手合力将敌右掌旋拧反折。（图3–57）

3. 动作不停。我左脚向后撤一大步，上体左转；同时，两手拧住敌右掌向左后方拽拉，将敌摔出。（图3–58）

图3–56

图3–57

图3-58

二十四 荷叶翻身

1. 敌左进步，右脚撩踢我腹部。我迅疾后滑步，避敌锋芒，右臂兜敌右脚，左掌按敌腹部。（图3-59）

2. 动作不停。我右臂托架敌右脚跟，向前上方猛力掀起，将敌摔跌而出。（图3-60）

图3-59

图3-60

封胸旋跌

二十五

1. 敌右进步，左脚踹击我腹部。我迅疾后滑步沉身，左手下划勾挂敌左脚后跟，阻截敌腿攻击；随即，我右脚上步于敌右脚后，将其脚跟绊住，同时，右掌横拦敌胸腹部。（图3-61）

2. 动作不停。我左臂兜住敌左小腿，猛然向上掀起，右手向右后方旋按，将敌摔跌而出。（图3-62）

图3-61

图3-62

二十六

转身扛跌

1. 我两手抓敌右腕，随即转身，将敌右臂扛我右肩上。（图3-63）

2. 动作不停。我身体向前俯下，两手将敌右臂向前、向下扯拽，将敌从后向上背起。（图3-64）

3. 我猛然发力，把敌前摔跌地。（图3-65）

图3-63

图3-64

图3-65

童子拜佛

二十七

1. 敌右进步，右掌向我面部推来。我后仰身避敌锋芒，起两手抓敌右掌。（图3-66）

2. 随即，我迅速将敌右掌向前、向下屈腕下撅；同时，右腿屈膝，左脚后退，左腿伸直；两手边撅边向下、向后牵带，致敌趴伏于地。（图3-67）

图3-66

图3-67

二十八 燕飞搭地

1.敌右进步，用右手抓我左肩。我迅疾用右手抓按敌右手背，并控制在我左肩上；同时，将左臂举起。（图3-68）

2.随即，我左肘下沉，砸击敌右臂；同时，两腿下屈沉身，身体略右转，左上臂贴着敌右腕向下、向前螺旋缠裹，挫伤敌右腕，致敌前栽。（图3-69）

图3-68

图3-69

金丝缠腕

二十九

1. 我右进步，右拳击打敌胸部。敌右手反抓我右腕。（图3-70）

2. 我迅疾后撤右步，右拳向下、向后拉拽，同时，左掌按敌右掌背，牢牢控制在我右腕上；随即，我右拳变掌前伸上翘，外旋屈指勾压敌右腕上侧。（图3-71）

3. 动作不停。我含胸后坐，重心下沉；同时，两手缠敌右腕向下旋拧卷压，迫敌跪地就擒。（图3-72）

图3-70

图3-71

图3-72

三十

孤雁过翅

1. 我左进步，左掌旋腕扣指，抓敌右腕，右拳自敌右臂下穿出，用前臂内侧兜提敌肘部内侧。（图3–73）

2. 动作不停。我迅速右转体，右掌按压敌右后肩部，左手提敌右腕推向其后背左侧，将敌擒制。（图3–74）

图3–73

图3–74

三十一

浪子抱虎

1. 我两手合抓敌右腕，将敌右臂高高举起；同时，我右脚向左前插步，身体斜向对敌。（图3–75）

2. 动作不停。我左脚后摆一步，两手向下、向后，反拧其臂。（图3–76）

3.动作不停。我用右臂环抱敌咽喉，用力后勒。（图3-77）

图3-75

图3-76

图3-77

三十二 白马卸鞍

1. 敌从我身后用右手抓我左肩。（图3–78）

2. 我迅疾用右掌按敌右掌背，并牢牢控制在我左肩上；同时，我左脚后撤，拉伸敌右臂，左手从后按敌右肘。（图3–79）

3. 动作不停。我猛然右转体，两手合力旋压，折敌右肘，致其前扑。（图3–80）

图3–78

图3–79

图3–80

樵夫捆柴

三十三

1. 敌左进步，用左手抓我胸襟。我迅疾以右掌抓敌左腕，左手向前推敌下巴，或直接锁敌咽喉；同时，左脚上步于敌方左腿后方将其别住。（图3–81）

2. 动作不停。我猛地向右转体，右手拽拉敌右腕，左手按敌下巴或叉敌咽喉向右下推，致敌仰跌于地。（图3–82）

图3–81

图3–82

饿狗抢食

三十四

1. 敌左进步，右拳击打我面部。我迅疾左闪步，俯身躲过敌之右拳，随后，我右脚向前上步于敌之裆下，两手分抱敌两大腿。（图3–83）

2. 动作不停。我右肩前靠敌腹部，两手抱拉敌两腿，致敌仰面跌倒。（图3–84）

图3-83

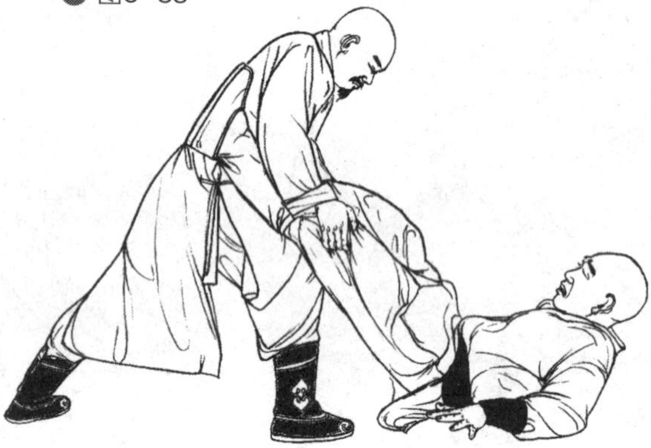

图3-84

三十五

抹眉断颈

1. 我右手抓敌右腕，同时，左脚上步于敌右腿后方，左手经敌脑后用指按扣敌前额。（图3-85）

2. 动作不停。我右手拽敌右腕下拧，左手将敌头额后扳，我左胸紧紧贴住敌后背，左大腿抵住敌臀部。（图3-86）

3. 我右手松开敌腕，上托敌下颏，两掌交错，发力旋拧，可顺势放手，致敌后倒。（图3-87）

图3-85

图3-86

图3-87

三十六 反擒压肘

1. 敌用右手抓我头顶。我迅疾起右手扣敌右掌背，左手扣敌右肘。（图3-88）

2. 动作不停。我俯身右旋，同时，左手猛压敌右肘后方，致敌扑伏于地。（图3-89）

图3-88

图3-89

第四章
甘凤池古传暗器

甘凤池被誉为“江南大侠”，经常行走江湖，所以免不了要配备“暗器”。

暗器在当今社会已不能使用，但甘派流传的暗器很多，为体现甘派武功全貌，今参考古谱选取其常用的，重新解析，供读者赏析。

一

鹅卵石

（一）鹅卵石源流

民国武术家金倜庵所著的《练打暗器秘诀·鹅卵石之源流》中，对暗器鹅卵石有如下记载。

鹅卵石之为暗器，亦甚偶然。

相传甘凤池居金陵（注：南京古称），偶以此击一僧，好事者遂以为此乃甘氏之特种暗器，而争相学习，久而流传渐广，竟成为江湖通行之暗器矣。此亦良由当时学武者推崇甘之技术，凡其一举手一投足，皆视为可以取法也。

先是甘居金陵，威名远震，上而绿林豪客，下而流丐鼠窃，皆不敢犯其境，即偶过其地，亦不敢久驻，慑于其技也。

忽有一僧至，邋遢不堪，行乞于市。其行乞也，挟庙中一鼎俱，见稍大之店，即置其鼎于当门，阻人出入，苛索备至，不满所欲，不去。且语人曰："欲余去唯二法：一则予钱如所索；一则如能掷鼎于户外，衲子亦当自去。"其鼎约计三百斤，固无人能提而掷之也。僧得钱则投于鼎，就市肆沽饮，时与人争斗，市人患之。

有好事者语僧曰："大师父不闻金陵有甘凤池其人乎?奈何横暴于此。"僧则大声叱曰："甘凤池自甘凤池，衲子自衲子。甘凤池自居此，衲子自行乞。汝曹谓衲子行乞，有干于彼，抑彼能禁余行乞耶？"言时声色俱厉，凛然若不可犯者。众知不可以理喻。

闻其事于甘，冀甘出与角，而有以折服之，为市人除一患也。讵甘但笑谢曰："兹事不易也，僧之来也，未尝不知有余，知而竟来，且挟鼎游行，以示勇力，是故欲使余出耳。子等谓技术不精之人，敢如是乎？故余谓僧之如此行藏，实有意寻余，或与有夙嫌，未可知也。余今方负伤，不能与斗，容徐图之。寄语市人，宜避其锋，忍耐几时，彼或自去。且不可以余行止相告，免多事也。"

众以甘为一世之雄，尚不敢与角，僧技必高；或有讥甘为懦怯者。而市人见僧，辄相引避。僧有所索，店中亦予之不稍靳，盖从甘意也。而僧竟不自足，横暴有加，苛索益甚，且发狂语曰：“金陵人皆敷粉妇女，衲子未见一须眉，否则何竟无人与衲子一扑为戏也。甘凤池其已死乎？非然者，必畏衲子而深匿不出，冀以藏拙，是其得名，皆偶然耳。”市人闻语，怒莫能平，群谋折之，终以技无过于甘凤池者而止。以僧语告之，则笑曰：“余固知其有意来访，故如此撩拨人也。”卒不愿出。

一日，甘亦以其事萦心，独游雨花台，思有以折僧之道。正踌躇间，而僧竟挟鼎施施然迎面而至，睨甘微笑曰：“子非甘凤池耶？欲得一晤者久矣。唯子深匿，致不果。今幸相见，请即以此鼎为寿。”言既，举鼎投之，而鼎中所贮钱亦纷射如蝗。

甘闻语，知僧至，举首窥之，则钱鼎俱至，拂以袖，钱纷纷旁落，鼎亦掷数丈外。唯赤手空拳，无以制敌。时适雨过，石卵露沙外，乃拾一石投之，不中。乃又拾一石，顾谓僧曰：“击汝首不中，谓余不能击汝胫耶？”僧信为真，竟顾其下。而甘急发石拟其顶，中焉。石陷脑壳间似甚深。（图4-1）

图4-1

僧引首蹙额视甘曰："毕竟不凡，衲子受惠矣。顾此一石，本当奉还璧，唯别有故，当暂置颅门，挟以俱去，以为朝元贽见礼也。"甘闻言大骇，即伏地谢罪。僧竟不顾而去。

盖甘发此石，尽其生平功力而临之，当者必死无疑，而僧竟如不觉，其技已高于甘者倍蓰矣。又言朝元名，则其行辈亦在甘之上，盖朝元和尚本少林主僧，为明之宗室，避难披剃者，实甘凤池之师也。僧言如此，当亦与有瓜葛。

甘自悔有失，又末如之何，任其自去，后亦无他异。而鹅卵石一物，竟以此流传为江湖暗器，亦可为甘留纪念于千古也。

（二）鹅卵石构造

鹅卵石是一种光滑的石头，大同鹅卵，故有此名。

选取色泽明润、质地坚实的鹅卵石，当作暗器使用。

鹅卵石与飞蝗石相似，唯外形与着力点有所不同。飞蝗石前锐后丰，形如蝗虫，着力处在前面的锐端，借其锐利伤敌。鹅卵石光滑无锐，完全靠石的重量与发石的技巧制敌。

每石重0.6千克左右。（图4–2）

带石时用袋，带1袋，悬于左腰际，易于右手掏石（一般人惯用右手）。或带两袋，左右各悬1袋，使重量平均。（图4–3）

图4–2

图4-3

此石专为击敌，不能如飞蝗石可用作探路。此石分量很重，从空掷下，发声太响，易使敌惊觉。

（三）鹅卵石手法

鹅卵石攻击手法很多，可分为摔、撇、掼三种。

1.摔有冲、盖、袭三法。

冲：冲即阳手。（图4–4）

盖：盖为阴手。（图4–5）

袭：袭为回手。（图4–6）

图4–4

图4-5

图4-6

2. 撇有直撇、斜撇两法，完全用半阴手，都从掌侧发出。

直撇：一把握石，屈肘内弯，虎口贴相对之肩，运足全力，向外撇去，击正面敌人。（图4-7、图4-8）

斜撇：屈肘内弯如前，运足臂力，向握石一手之肩外撇去，击侧面敌人。（图4-9、图4-10）

3. 掼有前掼、侧掼两法。

前掼：握石高举，运足臂力，将石向前掷出。此为撒掌发石，掌发向前。（图4-11、图4-12）

侧掼：握石上举，转手向相反方向(如右手握石，则掌向左)，然后将石从侧面发出。（图4-13、图4-14）

图4-7

图4-8

图4-9

图4-10

图4-11

图4-12

图4-13

图4-14

二

飞蝗石

（一）飞蝗石构造

飞蝗石，从其形状看，略似蝗虫，故名。（图4-15）

飞蝗石是最便利、最经济的一种暗器，既不须费钱购买，又不须费时打磨。

使用者常去山野间拣取此石，以青石为佳。选长约10厘米、重0.3～0.35千克的小石，以备应用。所取石，宜细长，上锐下丰，锥形、方形、六角形等皆可。

出行时，制作一袋，佩在腰间，贮石数块。袋可缠缚腰际，也可斜挂颈项，要避免荡动。

图4-15

为了取石便利，惯用右手发的，把袋悬左腰下；惯用左手发的，把袋悬右腰下。（图4-16）

飞蝗石用法主要有两种：一当暗器，一作探路。

过去夜行人，在屋角、墙头欲下蹿时，要先发飞石，探明下面是否为实地，是否有河池，是否有埋伏等，避免危险。此种探路石子，江湖上也统称飞蝗石。

（二）飞蝗石手法

飞蝗石的手法，专用摔撇之劲，不用推送之力。

1. 飞蝗石的发出手法，多用阴手。

如右手握石，先将手向上一扬，即翻腕向下，用力向前摔去，此为击正面。（图4-17、图4-18）

若击侧面靶，如右手发石，侧身而立，左肩向靶，右手握石如前，向右面一扬，即转腕用力向左面撇出。（图4-19、图4-20）

以上两法为飞蝗石正功，都用阴手。

2. 若用阳手，如冲击等法，不易发石，力度不足，故不常用。

飞蝗石重量不大，如击在有遮蔽的部位，只能令人略感疼痛，不能重创敌方。

图4-16

图4-17

图4-18

图4-19

图4-20

三

飞镖

（一）飞镖构造

飞镖，也称“脱手镖”，有三棱、五棱、圆筒等样式。

飞镖与绳镖，外形相似，但飞镖不用绳系，比绳镖短小而轻灵。

飞镖与绳镖，都是镖法，但发劲完全不同。飞镖完全用腕力，直摔而发。绳镖借绳牵引，要使用旋摔力。

最常用的飞镖，长12厘米余，重0.3～0.35千克。（图4–21）

飞镖大致可分三种。

1. 带衣镖：即在镖末端，扎上红、绿绸，用来鼓风乘势，如箭有羽。红、绿绸叫作“镖衣”。（图4–22）

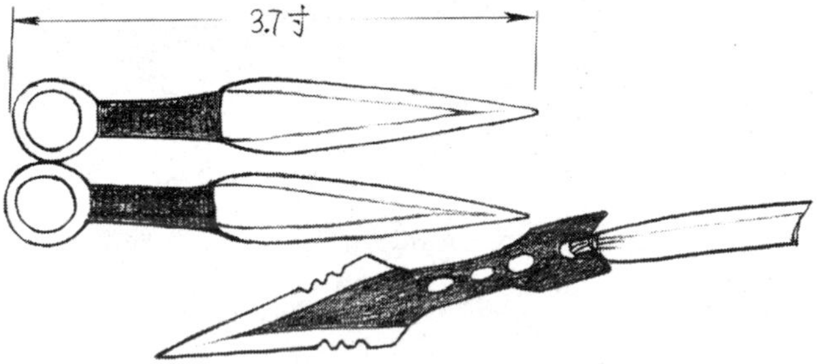

图4–21

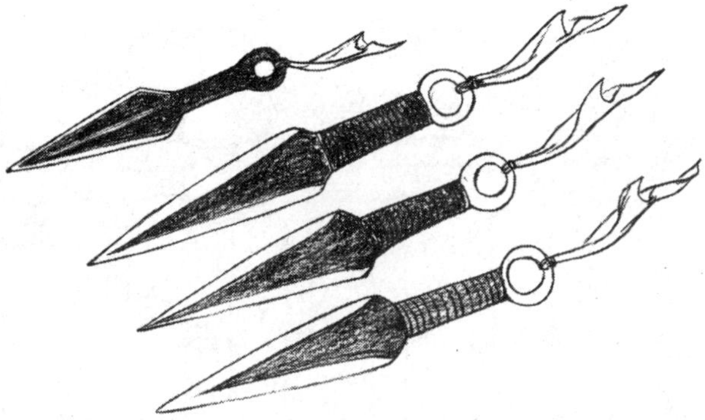

图4–22

2. 光杆镖：即不带镖衣的飞镖。（图4–23）

3. 毒药镖：即将多种毒药混合，与镖同煮，或将药煮熬成膏，涂在镖头上。（图4–24）

飞镖以十二枝或九枝为一槽。每一槽中，必有一枝“绝手镖”，此镖要比其他镖长大而重，非万不得已，不可轻用。（图4–25）

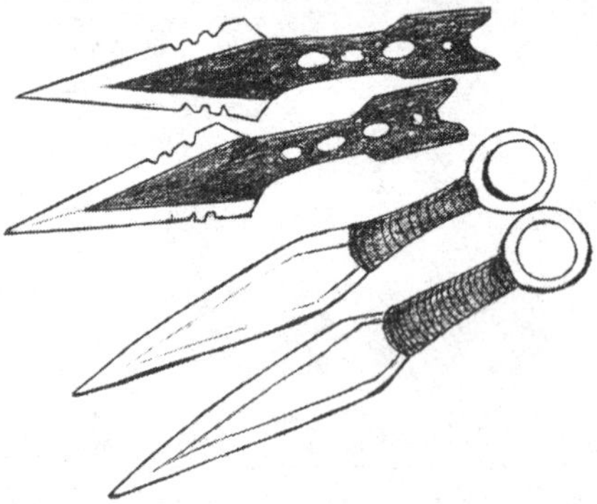

图4–23

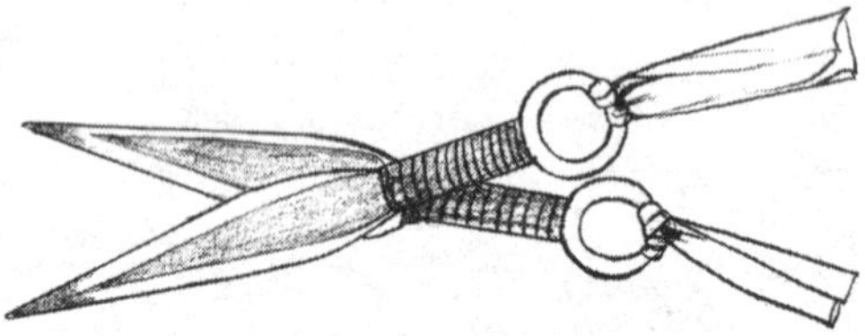

图4–24

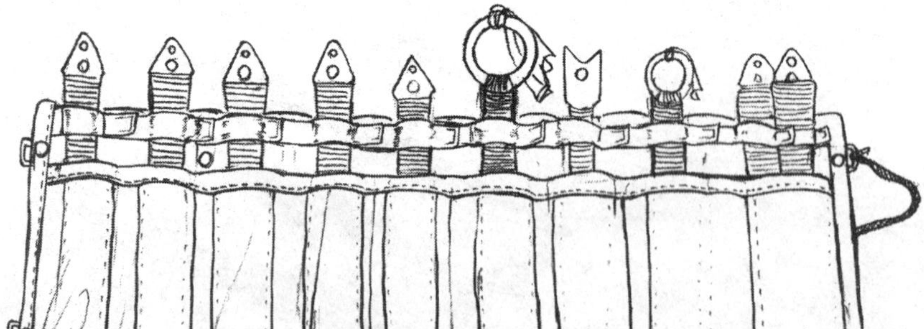

图4–25

（二）飞镖手法

1. 执镖。

镖分三棱，有三面（两面较窄，一面较宽）。

执镖时，宜将较宽一面紧贴中指上，以食指、无名指拢住较窄两面，使三指成槽形，大拇指按住镖把，小指紧靠无名指助力。一转腕间，即可发出。（图4-26）

2. 阳手镖。

阳手镖，即射平面或上面之物。

发镖时手掌向上，运足腕力，将镖向正面或内侧发出。欲射较高之物，须从下托起冲出，不可平摔。（图4-27）

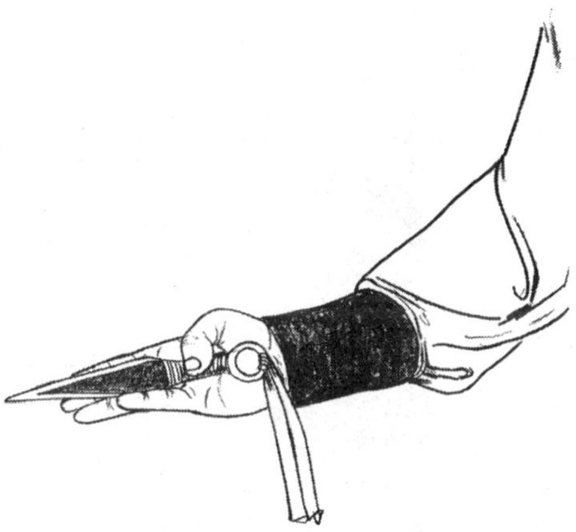

图4-26

图4-27

3. 阴手镖。

此镖专射平面以下之物。

发镖时手掌向下，射正下或外侧皆可，俱用反腕劲。（图4-28）

4. 回手镖。

此镖为向后面反射之法，或自肩上发出，或自腰胁间发出(如右手放镖，宜从左肩左胁处发出)。

此法用于战败，被敌穷追，发镖制之。或佯败，诱敌追赶，然后乘机制敌。（图4-29）

回手镖发时要用阳手，不用阴手。

图4-28

图4-29

5. 接镖。

能放镖，必须能接镖，始为上乘。能放不能接，只能伤人，不能自卫。

镖射来，先要躲开，让其过门，顺势抢接。不要迎头冲接，偶一不慎，伤身伤手。（图4-30）

图4-30

流星锤

（一）流星锤构造

流星锤，是一种带绳的暗器，携带方便，收发灵利，快速有力。（图4-31、图4-32）

锤头外形，随意选用，有浑圆的，有瓜形的，有多棱角的，不必雷同。（图4-33）

锤重大小不拘，实力足，用大锤，实力弱，用小锤，但最小不要少于1.5千克，因锤制敌，全靠重量冲击，用锤太轻，无法重创。

图4-31

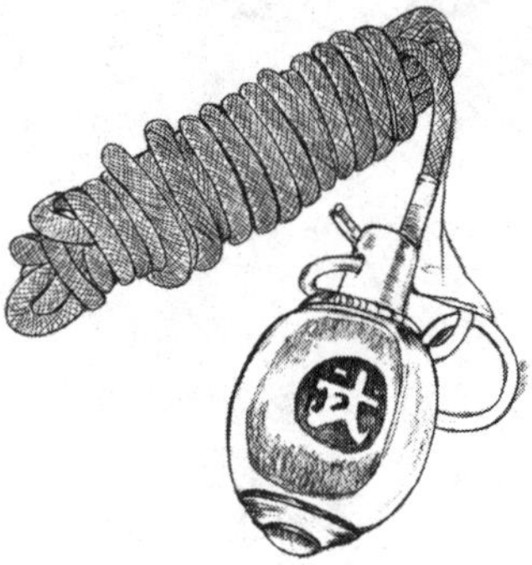

图4-32

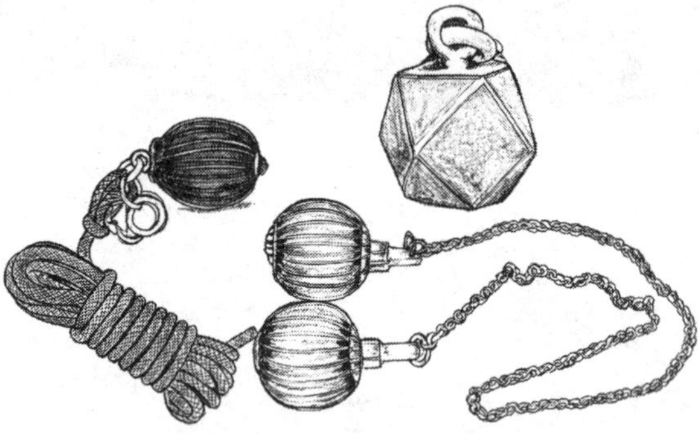

图4-33

锤身末端，贯以铁环，再用软索扣住。软索要坚韧，以防绷断，粗如手指。

平时将软索拗折，束于腰际。锤垂右腰下，软索末端靠左腰，便利实战。（图4-34）

图4-34

（二）流星锤手法

流星锤手法，分摔、劈两种。

1. 摔是初级锤法，有侧击、压击、冲击之分。

侧击：摔锤一圈，纵横掖出，拦击敌人侧面。（图4-35）

压击：摔锤一圈，从上盖下，砸击敌人顶门。（图4-36）

冲击：摔锤一圈，从下翻上，撞击敌人正面。（图4-37）

图4-35

图4–36

图4–37

2. 劈分掷、撇、撤三法。

掷法：向前托出，取正面之敌。（图4-38、图4-39）

图4-38

图4-39

撇法：将锤向发锤一手外侧撇出，取侧面之敌。（图4–40）

撒法：将锤向发锤一手内侧撒去，或于退走时将锤向后撒去，取侧面或后面之敌。（图4–41）

3. 摔可借摔劲攻人，劈完全靠臂力取胜。摔必须摔锤，否则易为敌人所见而预防。劈一手握锤，遥掷敌人，一扬手，锤即出，敌防不胜防。

图4–40

图4–41

五

绳镖

（一）绳镖构造

绳镖外形，有三棱形，有圆筒形，有五棱形、七棱形的，不止一种，练者随意选定。

此以最普通“三棱镖”为例说明。镖由纯钢铸成，长16～23厘米，重约0.45千克。镖身为三棱形，头尖尾广，尾端正圆，用一铁环扣住，以绵软坚绳系环。（图4-42）

平时将镖绳拗折，缠在腰间，用活结扣住，不可用死结。绳端靠左腰。镖头悬右腰下，便于出手。（图4-43）

这样只需抽开活结，左手握绳末端，右手握绳中部，控制长短，镖即可应手而出。

图4-42

图4-43

（二）绳镖手法

绳镖因有绳牵制，故要利用绳的摔劲，把镖发出。

于绳末端，挽一小圈，套于左腕，左手握绳尾。以右手握绳前部，即近镖处，提镖于右侧。（图4–44）

然后从下向上，由前绕后，摔镖成圈。（图4–45）

摔二三周力量已足，待镖至前面，右手即变活把，镖带绳出，射击目标。（图4–46）

取准完全在于右手，欲高时，要上昂；欲低时，要下抑。欲左欲右，方法如此。

图4–44

图4-45

图4-46

在摔镖成圈时，右臂要用足全力，否则发镖迟缓，力量不足。

在右手变活把（活手）时，宜略带蓄劲，不可完全脱手，否则必致荡动，不易取准。

一镖发出，无论中否，急速收回，不宜迟缓。

收镖之法，即将右手猛力向后一抽，仍如发镖时摔成圆圈。如不摔圈，镖头受一抽力，易折反，致自伤。（图4-47）

先击固定目标，有成后再击活动目标。

图4-47